浄化

クリアリング大全

月編
MOON

ありのままに還る癒やしの
浄化法

元友海歌
Genyu Mika

Clover
クローバー出版

＊プロローグ＊

　月のエネルギーをちりばめた、やさしさ、安らぎを与える癒しの浄化。今まで溜めてきた流れを解放してリフレッシュしたい人へ……。

　浄化＝意識を在るべき心の軸に戻す。ひとりひとり軸は違う。ただ普遍的なことは世界中で共通している浄化の言葉「愛」の状態であること。

「空即是色」……目には見えないエネルギーが、
目に見えるものを動かす。

「あなた」こそ、愛の原点です。

あなたは本来、
美しく純粋な「たましい」を授かっています……。
精いっぱいの愛に満ちた、
あたらしいあなたとのご縁に感謝します。

この本は、あなたの作品です。

ときを超えて、あなたに生き続けるものです。
あなたの感情や思考で色付けしていくものです。
あなたのたましいが、吹き込まれることで完成する本です。

だから、ひとりひとり、
全く違うものとなり、
同じものは二度とないでしょう。

あなたが、この本の「いのちの芽」を、あなたなりに育て、愛し、慈しみ、やがては美しい花を咲かせていってください。

この本を手に取ったあなたは、きっと、疲れた自分の心のケアをしたかったり、生きる速度をゆるめて、自分を見つめたかったり、精神的な世界の「もやもや」をクリアにしたいという思いが心に潜んでいることでしょう。

忙しい日々のなかで、人々は、時間に追われ、やるべきことに追われ、人や情報に流され、気付けば自分の軸がぶれ、大切なものを見失いやすい状態になっています。

でも、本来はもっと自分軸を大事にして、独創的な世界を切り開いて生きたいと願っているはずです。ここでは、そんな心の「もやもや」をひとつずつ整えていき、本来の「美しく、純粋なたましい」である状態のあなたに浄化させていきます。「浄化」された自分になれば、イメージ力が強化し、あなたのビジョンが明確になり、独創的なアイディア、イマジネーションに溢れ、最高の人生を過ごすことができます。

自分の心を見つめることから、時間の流れ、愛や幸せ、欲といった目に見えないものまで、精神的なエネルギーを見直し、整えていくヒントがここにあります。なかには、すでにあなたが「知っていた」ヒントもあるかと思います。ただ、繰り返されるメッセージはそれだけあなたにとって大切なことだと思うのです。そして、言い方を変えて同じメッセージを繰り返してもいます。それだけ、潜在意識に送り込みたいのです。そこについては、より、注意深く感じ取ってみてください。

　ここに書かれた言葉は、ただ単純に「言葉」というだけの世界だけではなくて、もっと音楽や絵画のように豊かな色彩に恵まれている、自由であたらしい世界の言葉たちです。さまざまな音があり、色があり、景色があります。読み進めていくうちに、さまざまな手ざわり、においも感じとることができます。

　時折、あなたのなかに秘めていた感情がふっと、湧き起こることもあろうかと思います。

　その時は、ただ、ただ、その感情を受け入れ、飽きるほど、その感情のなかに居続けてください。自然に、ただ、そんなあなたを体感し続けてください。

　その時この本が、あなたのなかの秘められた世界につながっている糸のような存在になるでしょう。その糸を必死でたぐり寄せるのではなく、やさしく包みながら、少しずつ歩み寄り、あなた自身を秘めた世界へと導いていってください。

　そこにたどり着いたとき、きっとそれは、「浄化」という体験になるんだと思います。

この本は、2冊あるクリアリング大全のなかの「月編」です。
　月のように、やさしく夜空を照らすような癒しを求めている人へ贈る言葉です。

　頭で考えた言葉ではなく、向こうのほうから自然に降りてきた言葉を綴っています。
　だから、時折不思議だったり、変拍子のようなリズムだったりするかもしれません。
　けれど、それはそれを含めて、自然なことなのかなとも思います。
　不思議なことや、ズレていることのほうが人の心のすき間にそおっと入りこんでくれるからです。それは、頭をカチカチにして考えぬいた、正しいことよりとてもなめらかに自然に。

　不思議なのに、しっくりくる、
　今のあなたのチャンネルにあう、
　言葉がみつかれば幸いです。

　そして、言葉を感じるたびに、ページをめくるたびに、あなたが浄化されて、生まれたばかりの「愛の状態」に戻っていくことを願っています。
　そう、生まれたてのあなたは、「愛」しかないほどの純度だったのです！

　いつだって、軸がぶれそうになったら、この本を通して、い

つでもあなたの秘密の場所に戻ってきてください。そのためには、朝起きた直後や、仕事や家事の空き時間、寝る前のわずかな時間を使って、浄化のアファメーションを唱えてみてください。繰り返し唱えることによって、あなたの人生は素晴らしいものに変化していきます！

　決して疑わず、心から、愛して、信じて、この魔法を使ってみてください。

　さあ！あなたのこの一秒、一秒、すべての時間が変化のチャンスです！

　あなたの意識、そして行動は、今この瞬間から変えることができます。

　だから、今、はじめましょう！

　どんな些細なことでも、一歩、踏み出してください。

　瞬間を抱きしめるように、丁寧に、確実に、躊躇することなく、しあわせや喜び、愛の人生を選んでください。

　勇気を持って、浄化の旅に向かいましょう！

Chapter 3 ———————————————— 100

| 愛としあわせの浄化 |

世界を美しいエネルギーで満たしたい人へ

見えないエネルギーが奇跡を起こす ——————— 102

Chapter1

心の浄化

澄みわたる心で
生きたい人へ

心のなかの空白こそ、
あなたの桃源郷

「心」ほど、目にみえないもので、
「確かに」感じるものは
少ないと思います。

心の持ちようによって、あなたが見える世界は変わります。

あなたの心の在り方が、世界の在り方となり、あなたの人生に返ってきます。
あなたが今見つめる世界は、あなたの心を映し出した鏡です。

鏡は磨けば磨くほどに、美しい現実を映し出します。
あなたの心の鏡は曇っていませんか？本当に大事なものはきちんと映っていますか？

「私」の世界は、「私」の心がつくっています。
私の世界に「あなた」が映し出されても、
「私」の感じる「あなた」であり、世界、なんです。

心の浄化を常におこなっていないと、簡単に思い込みや執着、偏った思考や激しい感情に汚染されます。本当の美しさは、純粋なものしか吸収できない強さかもしれません。

まずは、心にたまってしまった不要な考え、感情を浄化して、

15

新しい風を吹かせ、変化する喜びを受け入れましょう。

心に空白を持つことを決して、
恐れないで。
空白はあなたの味方です。
無は、何より贅沢な時間です。

　あなたが真のあなたでいられるよう、ここから、心の浄化の旅の舵を取りましょう。

瞼を閉じて呼吸する

呼吸を変えれば、世界が変わる

　心の浄化をはじめていくにあたって、まず最初にお話ししたいのが、わたしたちが普段当たり前のようにしている「呼吸」についてです。

　忙しい現代を生きるわたしたちは、過剰なストレスと欲、競争心に日々支配されています。どれだけ自分を鍛えても、攻撃や痛み、ストレスというものは、生きている以上やってきます。

　そこで、自分を攻撃してくるものに、同じレベルで立ち向かおうとしても、攻撃と攻撃からはあたらしいものは生まれずに、

張りつめた神経は消耗するばかり。結局堂々巡りでストレスは積み重なっていき、変われないことにため息をもらすのです。

一番早い身の守り方は、
立ち向かうことではなく、
そっと瞼を閉じることです。

　外界のあらゆる攻撃、ストレスをシャットアウトし、内なる心に入り、鎮める。

　攻撃してくるものと同じレベルに立つことを自分に許さず、刹那的に関わりを絶つ。

　そして、自己の軸に入っていき、芯から落ち着きを取り戻し、深く深く、ただただ、呼吸をしてみるのです。

　まず、ありったけの今ある息を吐ききって、静かに細く長く鼻から5秒かけてゆっくり空気を吸いましょう。そのまま少しキープして、吸う時間より長い時間かけて吐いていくと、心が落ち着きます。それを心が落ち着くまで、繰り返していきます。

　あなたはただ、静かに呼吸するだけで。
　あなたは決して、何も傷つけないのです。
　ただ、息をするだけで、尊いおこないなのです。

　視界が静かになることで生まれる静寂。瞼を閉じることで、あなただけの世界が成立します。外側の情報に左右されずに、

自分の胸の鼓動や脈、呼吸による腹部、肺の収縮などを感じていきます。呼吸をするということに意識を集中すれば、体の微細な動き、変化も感じ取ることができ、体の声に敏感になります。普段頑張って動いてくれている体の器官に意識を集中させ、ひとつひとつの動きを感じてみるのです。

　呼吸だけを、集中して丁寧におこなうだけで、心が不思議と整っていく。散らかっていた思考や感情、迷宮のようなあなたの心が、穏やかな呼吸というバイブレーションで満たされていく。

　呼吸を整えることは、命を整えること。そして、あなたの思考、感情、迷宮入りした心の内部の葛藤をあるべき場所に戻していく作業です。

　あなたのなかで外の世界に対し、何らかの抵抗が生まれたら、まず瞼を閉じ、意識を自分の呼吸に集中させてみましょう。きっと、内側の世界とはこんなにも自由で壮大で、秘めた無限大の場所だった、ということを感じられるはずです。

　わたしたちは、皆、心のなかに、ちいさな秘密の場所を持っているのです。
　そこに、大切なものは全て入っているのです。それを忘れているだけ。
　抵抗、葛藤、痛みを感じたら、その場所に戻っていけばいいのです。

その場所は、あなたしかわかりません。だから、外側にこた
えを求めようとしないで、あなたの内側を今一度、見つめなお
してください。

　あえて目を閉じることで、見える世界を信じるのです。
　目を閉じなければ見えない世界に心をゆだねる。
　目に入った表面的な情報に流されないために、外側にばかり
向いていた意識を自分軸に戻すのです。

　呼吸をするということは、息をすることです。息をすること
は、生きることです。
　普段私たちは、息をしていることに無頓着です。空気を吸う
ことは、当たり前すぎて、意識することはなくなります。何も
考えなくても、寝ていても、呼吸だけは当たり前のようにして
いるからです。その呼吸ができなくなると、非常に苦しく、生
きていられなくなります。空気は目に見えませんが、失うと、
死に至ります。だからこそ、目には見えませんが、空気がある
こと、息ができることは、それだけで感謝に値するのです。

何気なく、している呼吸。
これが私たちの生きている証です。
呼吸が止まってしまえば、
命も止まります。

　人は、海で溺れたり、息が止まったり、高山病になったりして、ようやく心から空気の大事さに気付くのです。そこで息をする、息ができる、「尊さ」に気付くことができます。**人は、何かを失うとき、何かを失いかけるとき、その存在の尊さに気付きます。真の意味で。**

　当たり前にあるものが、どれだけ素晴らしいか。
　当たり前に生きていて、どれほどの恩恵を受けているか。
　それに気付いたとき、命や時間をもっともっと丁寧に、大事に扱おうと思うのです。

　息ができるだけでもすごいこと。
　当たり前にある、と思い込んでいるもの、それは、決して、当たり前ではない。
　それを失ったときに、どれだけ「貴重」で、「尊かったか」が、わかるのです。

今のあなたの当たり前の毎日を
幸せと感じ、感謝することが大事です。
生きているだけで相当の恩恵を
受けていますから。

瞼を閉じてただただ呼吸する。非常にシンプルですが、心の浄化の入り口は、いのちの入り口でもある「呼吸」が司っているのです。

＊ちいさなひみつの種＊

ストレスを解放したいなら、腹式呼吸がおすすめ！お腹をしっかり動かせば、内臓まで浄化できます。片鼻ずつ呼吸していく片鼻呼吸法も、心身のバランスを調和させるので、おすすめです。

··

心の浄化への鍵！

瞼を閉じて丁寧に呼吸してみましょう。

浄化効果 up!! アファメーション

わたしは静かな自分の世界で心を落ち着かせ、日々のストレスを浄化します。当たり前のように呼吸ができることに感謝します。

自然の
サイクルに
沿って生きる

太陽とともに生きる

私たち人間は、自然の一部です。

植物、動物とともに、自然界で生かされています。
　人間は人間の世界と、切り離して考えるのではなく、人間も
自然とつながっているのですから、なるべく自然のリズムに合
わせた生き方を選ぶことが、心の浄化につながるのではないで
しょうか。

　今や、職業柄、昼夜逆転して生活している人も少なくありま
せん。

24

夜中から朝方まで活動して、午後の一番太陽の高いときに寝ている。

　まさに、太陽のリズムとは真逆です。

　この昼夜逆転が続くと、ホルモンバランスが崩れ、体の機能が狂います。体は太陽の光を十分に浴びることができず、セロトニンが減少します。すると、肉体の健康だけでなく、心から幸福感が減り、心身共に健康的とは言えなくなってしまうのです。

　朝日を浴びる前後で起床し、ゆっくり体のスイッチを入れていく。

　午前中は頭もさえているので仕事や家事もはかどります。そして午後からの時間も有効的に使えるのです。

　日が傾き始めたころ、今日一日の仕事、やるべきことをまとめて終わらせていく。

沈む夕日を眺めることも、
精神的安らぎを促し、
心の奥にしまった強い感情を鎮めます。

　日が沈んだら、夕食、家族とのだんらん、風呂に入り9時までに眠りにつく。

　ここまで完璧なリズムで生きることは、様々なライフスタイ

ルを持つ現代人にとっては難しいかもしれませんが、理想としては、このリズムを継続していけば、心身の機能は整い、乱れることはないでしょう。

　できるだけ、日中は太陽の光を浴びて歩く。

　無理に夜更かしせず、早めに眠りにつく。太陽とともに、生きる。

　自然界のリズムに沿って生きることは、あなたの体の機能を整え、心を浄化しながら生きることにつながります。

　人間のリズムと自然のリズムを決して切り離して考えず、ともにつながって時間を共有して生きているのですから、自然に沿った呼吸に合わせていきましょう。

心の浄化への鍵！
自然のリズムに合わせて寝起きしましょう。

浄化効果 up!! アファメーション
わたしは太陽のリズムに合わせて起床し、夜は早めに眠りにつきます。自律神経が整い、ストレスがクリアになることに感謝します。

26

ボイスヒーリングで自分を癒す

あなたの声は浄化の秘宝

あなたの声には、あなたが表れます。

　日々、何気なく発している「声」ですが、声にも一音一音、その人だけの音色があります。声だけで、人は元気の有無や感情、微細なる心の動きまで汲み取ってしまうのです。

　電話口で話しているだけで、相手の表情が手に取るようにわかるようなことはありませんか？たとえ、悲しいときに無理をして元気を出してしゃべっていても、相手には心の奥に封じ込めたはずの「悲しさ」が伝わっていることがありませんでしたか？

28

「声」には、隠された感情も心の秘密も
漏れてしまうほど、素直なその人の
ありのままが出るのです。

　あなたが苦しいとき、聞きたい声があるでしょう。

　家族や親友からの穏やかな声はあなたをやさしく癒すでしょうし、音楽が好きな人は好きなアーティストの歌で心を癒すでしょう。

　ただ、外の声を聞く前に、まずは「あなた自身」の声に耳を傾けてください。

　あなたの声は、あなた自身を癒します。

　あなたの声は、最強の癒しエネルギーになるのです。

　声を出すだけで、自動的に浄化できるのですから、すぐに試してみましょう。

　あなたは、あなた自身を、あなたという存在によって、浄化することができます。

　まずは自分の内側に存在しているもので浄化をしてください。

　それが、シンプルで無駄のない浄化への第一歩です。

　あなたの声があなたの内側全休に共鳴し、響きます。

あなたが、「大丈夫だよ」と話せば、あなたの体中の細胞に「大丈夫だよ」が伝わります。あなたが、「愛しているよ」と話せば、あなたの体中の細胞に「愛しているよ」が伝わります。

自分の声で自分を癒すことを「ボイスヒーリング」といいます。

どんな音でもいいです。声という音を発し、その音にゆだねてみましょう。

その音色とともに、自分のネガティブな想念も一緒に心から手放していくイメージをします。声を発しながら、波動を感じ、玉ねぎの皮を一枚ずつはがすように、心に付着したしがらみや余分な考え事、ネガティブな思想をきれいにはがしていくのです。

好きな歌を歌うことも、浄化に最適です。

心からの声、言葉はあなた自身を癒します。
言葉や声を、ただの消えていく瞬間のものとしてとらえずに、貴重な宝物のように扱ってください。

すると、自分を卑下したり、自分に悪口を言っている場合ではなくなります。

自然とあなたから発せられる言葉は浄化された美しい言葉に整っていくでしょう。

＊ちいさなひみつの種＊

気分が良いときは、ハナウタを口ずさんでしまいます。ラララララ〜♪と、メロディーをなぞるだけでも、体の内部にバイブレーションが行き渡り、自らを癒します。好きな歌を歌うのもいいですし、ストレスが溜まっていたら、思いっきり叫んでしまうのも、いいでしょう！

....

心の浄化への鍵！

前向きな声を出して自分に癒しを届けましょう。(ありがとう、大丈夫だよ、受け入れるよ、愛しているよ、など肯定的な言葉を使いましょう)

浄化効果 up!! アファメーション

わたしは自分の声で自分に癒しを届けます。
細胞ひとつひとつに響き渡り、すべてが浄化されていくことに感謝します。

生まれ
変わるために
「やめる」

終わりははじまり

　私たちはなんと、やるべきことに追われる人生なんでしょう。
現代人の多くが、仕事に追われ、育児に追われ、人づきあいに
追われ、習い事に追われ、趣味に追われ、やるべきこと、予定
に追われっぱなしです。

　まるで、この人生が追われるためのものであるかのように
……。

　スケジュールは当面真っ黒。余白はない。やるべきことはご
まんとあって時間が足りない。時間が足りないから睡眠時間か
ら削っていき、万年寝不足。寝不足だから調子が悪い。そんな

32

方が多いのではないでしょうか。

　この無限多忙ループにつかまってしまうと、なかなか抜け出せません。だって、休むのもつかの間、何でもかんでもすぐに追ってきては、首根っこを掴まれてしまうのですから。
　これをすべき、あれもすべきと、どんどん自分に「すべき」を課す、「すべき病」に感染してしまったら、頭も心も体もカチカチになって、本来自由に動くはずのこの神経も、ピリピリと張りつめて、自分で自分を縛って身動きが取れなくなってしまいます。

　まずは、あなたがもし、日々色んな「やるべきこと」に追われてしまっているとしたら、そこから派生する自分を蝕むストレスに気付いてください。過剰に詰め込んだ、やるべきことを忠実に守ることで自分の心も体も壊してしまったら、なんのための「すべき」なのでしょう。

　一番大事な「すべき」ことは、あなたが心から安心して、穏やかに「呼吸をすべき」ということなのです。

　過剰な予定、義務で頭がいっぱいになっていると、人は一番大事な「呼吸すべき」ということを忘れます。他のすべきに妨害されて、一番大事な呼吸が浅くなり、おろそかになり、乱れ、土台から崩れていくのです。
　意外にも人は、そこまで人生において必要ではない予定を能

動的に入れています。外側の世界のことばかり追い求めたいという欲求は、皆平等にありますが、大事なのは、**内側の世界と外側の世界とのバランスを自分なりに調和させていくことです。**

外側のことには異常に反応するのに、自分の内面に関して無防備だったり、理解が浅いといつまでたっても人生の真理にたどり着けません。自分の真の欲求を忘れ、永遠に外の世界に理想を求めて放浪するような軸のない人生になってしまうでしょう。

外側で起こっていることが気になって仕方ない方、周りの意見に左右されやすい方、人間関係で感情の揺らぎが多く、一喜一憂して波が激しい方、人の反応、評価、世間体で自分の意思が変わってしまう方は、**今一度、本当の自分の欲求を思い出してください。**

あなただけの秘密の場所に帰っていくのです。

自分自身の世界を外側にばかり求めて、「すべき」ことで表面的に彩ることで自分の本心から逃げていると、あなたはただ疲弊し、心も体も大事な場所からどんどん遠ざかってしまいます。あなたはもしかしたら、どこかで「すべき」ことをこなしている自分に優越を感じていたり、誰よりもたくさんのことをしているということがプライドになっているかも知れません。

34

しかし、それで自分の本当の気持ちが追いやられてしまったら、寂しくはないですか？

世の中には、どうしても「継続」の美学がはびこっています。もちろん、続けることは素晴らしいこと。しかし、それは自分自身に嘘をついていない場合です。

自分自身をだまし続けて、虚像の自分で無理に継続していくのは、本当の継続になるのでしょうか？

継続以上に、時折、人は「やめる」ことの方に勇気がいるのかもしれません。

「やめる」ことに対しての良くない先入観、思い込みは排除してみましょう。「継続」の美学も今一度、見直してみましょう。

あなたがあなたでいるための
選択をしていけば、いいのです。

わたしたちは常に「新しい外側のなにか」を取り入れ続け、上書きすることで、不満や悩みを追いやろうとしてしまいます。「やめる、手放す、減らす、立ち止まる」という非常にシンプルな解決法はなぜか選ぼうとしません。

なぜか、内側の自己との対峙を拒否し、外側の世界に依存し

てしまう傾向があります。

　しかし、この方法では、悩みや不満の根源は風化することがありません。自分に不満な部分に焦ってあたらしいセオリーや経験、依存相手を詰め込んでも、「根っこ」の部分は変わりません。

　わたしたちは、自分で自分を縛ることが大好きな生き物です。なぜなら、縛られていれば、余計なことを考えずに済み、皆と一緒に忙しくしていることで安心できるからです。でも、自分がのびのびとできる空間を作ってあげたら、皆と一緒ではない、あなただけの独創的な生き方の知恵が生まれてくるでしょう。

　まずは、足りない部分すら愛してしまう時間が必要なのです。自分と対峙できる時間を与える。そのために「やめる、手放す、減らす、立ち止まる」。そして心の風通しがよくなったところで、自己を見つめてみるのです。不満や悩みの「根っこ」から抜いていくには外側の誰かではない「あなた」自身とつながることが大事です。

　外側に向けていた意識を、内側の世界に戻しましょう。
　過剰に詰め込んだ予定を見直し、本当に大事なものだけを残してみましょう。
　やめられない悪い習慣を断つことも、決断してみましょう。
　ひとつ、やめるだけで、あなたの心にはあたらしい余白が生まれます。余白は、あたらしい風を通し、心全体を清々しく掃

除してくれるのです。

　もちろん仕事、育児、家事などをやめるわけにはいきません。この場合は、人の手を借りてみるのです。なんでも一人で背負わずに、人にゆだねる。協力しあう、相談する。
　わたしたちは、周りの人との関わりあいのなか、生かされています。自分ひとりだけで何とかしようとせず、助けを求めることも、心のバランスをとっていくために必要なことです。

＊ちいさなひみつの種＊

もし、やめて後悔してしまったら、また始めればいいだけです。そう思えば、心は軽くなります。
何でも、目先のことにとらわれず、長い目でみてあげることが人生の余裕につながります。

心の浄化への鍵！

やめたくてもやめられなかったことを、勇気を出してやめてみましょう。

浄化効果 up!! アファメーション

わたしはあたらしい自分を生きるために、○○をやめる勇気を持ちます。やめることで心の風通しがよくなり、自然に過ごせることに感謝します。

大自然に
ふれる

自然界とのつながりは心の栄養補給

　わたしたちは生きていくうえで、自然界の影響を強く受けています。

　凛とした空気のなかの幻想的な朝もや、太陽が眩しい爽やかな晴天、激情のような土砂降りの雨、重く陰鬱な曇り空、泣きじゃくるような夕立ち、心の琴線にふれる夕焼け、煌びやかで可憐な星の呼吸、そして繰り返される情感に満ちた月の満ち欠け。空を見上げるだけで、こんなにも豊かなドラマがあります。

いつの日も、自然はあなたを見ています。

しかし、忙しい日々を過ごしていると、悠長に空を見上げ、雲の流れを見たり、星を数えている時間など少ないかもしれません。

　自然はいつもあなたを見ているのに、あなたは自然を見ていない。

　人間関係の疲れ、仕事の疲れ、人生の疲れで、心はちいさく縮こまってしまい、あなたの周りに大いなる自然があることに気付かない。

　人や社会とのつながりで心が疲れたら、苦しんだら、少し立ち止まって、自然とつながってみるのです。自然はあなたを癒し、いつだって見守っています。人は、自然とのふれあいで、心を取り戻すことができます。

　自然はものを言いませんが、私たちの疲弊した心、頑張りすぎて傷んだ心をやさしい波動で包み、言葉を超えた浄化を与えてくれます。

　人間関係や社会生活のプロになるより、自然との対話のプロになった方が、きっと、魂の浄化につながるでしょう。人間関係、社会生活から生まれた心の疲れは自然が癒してくれるのです。

　人同士での対話には、それぞれのエゴが入りますから時折痛み、葛藤、傷も伴いますが、自然との対話には、エゴが介在し

ないために痛み、葛藤、傷が癒されていきます。

　人間には、自然治癒力があります。わたしたちは、自分自身を治そうとするちからを、元々与えられて生まれてきているのです。薬に頼らずに、大自然と触れあうだけでも、自然治癒力を高めてくれる効果があります。

　森を歩き、木の持つ「気」を感じながら、樹木の香りを浴び、新鮮な空気を感じて心を癒すことを、「森林浴」や「森林セラピー」と呼び、親しまれています。森の樹木からはフィトンチッドという殺菌成分が出ています。

　この成分が人の心を癒し、疲れた体も浄化してくれます。森には、人を生まれたばかりの純粋な姿に変えるような、不思議な浄化力があります。森の爽やかで新鮮な汚れなき空気は、何よりの栄養です。排気ガス、タバコの煙、電磁波など有害な物質で汚染された肺に新鮮な空気を送り込み、浄化していきましょう。森での瞑想も心身の浄化に最適です。

心に痛みがあれば、樹木を抱きしめる。
流れる涙をこらえずに、ただただ、抱きしめる。

　私たちより遥か昔から生きている、樹木と心を通わせてみましょう。

樹木に呼吸を合わせる。
樹木の呼吸を聴く。

40

自分と自然界との間に境界線など無くなり、調和して、とけこんでいく……。

　そこに、あなた自身のエゴはなく、自分が自分であることも忘れて無心になっていく……。
　この地球すべてを浄化してくれる木々への感謝があふれていきます。

　海を感じることもまた、極上の浄化になるでしょう。
　海に体をゆだねると、母親の胎内、羊水に守られていたときの記憶が蘇ります。
　あなたが、何の抵抗をしなくても、ただ「守られている」安心感。
　それを思い出させてくれる海の浄化力は誰もが感じていることでしょう。

　辛いことがあったときは、逃げるように海に行き、打ち寄せる波、水平線をただただずっと眺めていたことはありませんか？波の音に身を任せ、全ての考えごとから逃れるように、呆然と砂浜に立つような。人は、海を求めるとき、浄化を求めています。

　海は水の集合体ですから、形はありません。一秒一秒で形が変わります。風の吹き方で、気温で、月の引力で海の姿は常に変わります。

　変わり続ける海の姿を見て、諸行無常を感じ、自分の人生を想います。

　海には、懐かしい記憶を再生させ、そして、心にたまった不純物を洗い流す浄化作用があります。

　泣きたいことがあれば、ただ、海に浮かんでみましょう。涙は海に還ります。
　海があなたのベッドになるように。羊水のなかで守られていたあの頃のように。

　体のちからを全部抜いて、何も所有せず、何にも執着せず、ただ海に身をゆだねれば、あなたが一人ではないという自然からの愛を体中で感じられるでしょう。
　あなたは海に浮かぶとき、時間も忘れて、煩わしいメールや電話での連絡、日常のストレスからも解放され、至福の自由がじんわり体中をつつみこんでいくことでしょう。
　広い、果てしない海に浮かぶ自分の悩みはちいさなものなのだ、と軽くとらえることができるでしょう。

あなたも自然の一部です。

　いつから、あなたは「私は私！」というちいさく狭い自我の箱に自らを押し込んでしまったのでしょうか？きっと誰かとの関係で心が傷ついたから、その痛みから逃げるように、自分専

用の箱に自我を押し込んでしまったのです。

　まだ、箱のなかだけで生きているのだとしたら、箱という境界を抜けて、自然界に目を向けてみましょう。大丈夫、怖くない。あなたは自然とつながることであなたの本当の姿を思い出せるのです。

「私は私！」という、こだわりを抜けたら、この世に境界線などなく、ただただ自分を守るためだけに自分が引いてしまった黒い線だったのだ、と理解できます。最初からつながっているものに境界線はいらない。自然と調和することを思い出せば、おのずと心のもつれもほぐれ、痛みも消えていくでしょう。

心の浄化への鍵！
大自然とつながり、治癒力を強化しましょう。

浄化効果 up!! アファメーション
大自然と調和することにより、わたしに本来備わっている自然治癒力を強化します。この自然界の一部として生かされていることに感謝します。

進んで忘れる

忘れることは前向きに生きるための才能

人は、どうしても、何でも、
「覚えよう、覚えよう！」としがちです。

　物心ついてから今まで、これを覚えなさい、これを覚えなさい、と教育で口を酸っぱくして教えられました。こうして私たちはなんとたくさんのことを覚えてきたのでしょう！

　でも、これらが全部完璧に覚えているわけではないですよね？

中学や高校の数学の方程式、今でも完璧に覚えていますか？

　仕事で使う人はともかく、大人になって自分にとって興味がない、必要がないことというのは簡単に忘れてしまうものです。

　覚えよう、覚えよう、とする行為は、頭から入ります。

　脳をフル回転させて、何度も繰り返し唱え、記憶を定着させます。

　しかし、それが脳で終わっていたら、覚えたものも現実に生きていきません。

　心が本当に感じていないと、現実に応用しにくいのかもしれません。

　逆に、覚えなさい、覚えなさい！と強く言われなくても、心が感じた衝撃というものは、勝手に記憶に定着してしまいます。

　忘れたいのに、いつまでたっても忘れられない「失恋」、「仕事での失敗」、「人前で恥をかいたこと」などは、この典型でしょう。

　忘れたいことほど、忘れられず、覚えておかなければいけないことから忘れていく……。この矛盾というのは、生きているとつきものだなあと感じます。

　それほど、心が感じた「痛み」や「ショック」というのは激しく、傷跡を残していくものです。ですから、過去の痛みを完全に浄化しきれている人のほうが少なく、稀です。

　どんなに明るくふるまっている人でも、必ず心の根底には、

寂しい思い、辛い思いのページがしまってあるのです。

　人間生きていれば必ずどこかで挫折し、人と自分を比べ失望し、焦り、傷ついていくものです。誰もが大人になるために親との関係で必ず葛藤を経験します。それが成長です。自然なことです。何も悪くありません。

　ただ、それを自分が前向きに受け入れられないから、ゆがむのです。苦しいのです。
　間違ったとらえ方をして偏った考え方で引きずっているから、古傷が治らず、ふとしたときにすぐ蘇り、「ずきんずきん」と痛むのです。

　過去のまま生きている方は、ありのままを受け入れる自己肯定を選んでみましょう。もういい加減、あなたはあなたを許していいのですよ。

　人はなぜ、「覚える努力」ばかりして、「忘れる努力」を怠るのでしょう?

忘れることは大変な救いになります。

　自分のした過ち、恥、思い出したくないことは、忘れられるから楽になるのです。
　そんな心の垢をいつまでもコレクションしてとっておいて何

の得になるでしょうか？

　苦しみを引きずってしまう傾向の人は、どこかでその状態に依存しています。

　悲しみ、苦しみ、傷ついた「私」という状態が居心地いいのです。

　確かに、そんな時間ももちろんあります。誰もがすぐに感情を変換できるわけではありません。もしかしたら、待っていたらどこかで誰かが助け舟を出してくれると「期待」すらしてしまっていませんか？そして痛み自体を忘れてしまう自分が怖いのかもしれません。

　悩んでいる人というのは「変化」が怖いのです。
　でもその恐怖は、あなたが作り出した妄想です。

本当に怖いのは、
痛みを消去しきれない、
あなたの弱い心なのです。

　痛みを消去するには、また痛みが必要かもしれません。
　それでも、私たちは生きていく以上、前を向いていくしかありません。
　覚えよう、覚えよう、忘れまい、忘れまい、と詰め込んでいる状態は、神経を圧迫します。

　一度、そのグーにした手を開いてみるのです。

　その、自分自身を縛る想念を手放してみましょう。忘れてしまおう、手放そう、もういいじゃないか、と。頑張って、頑張って、頑張りぬいた後にたどり着いた諦念は、あなたを救います。

　覚えることより、忘れることの方が浄化になります。

　どうすれば忘れるのか？それは、「今」という世界に熱中してみることです。

　過去を生きるのを止め、今に集中することを全身で体験するのです。

「過去」が介入できないほど
「今」に集中して生きること。
それが何よりのこたえです。

＊ちいさなひみつの種＊

人は今に集中すると、過去も未来もなくなります。今に、魂をそそぎこむ、尽くすような生き方は難しいですが、好きなことに一生懸命になっているとき、自然と人は今を集中して生きているのです。

．．

心の浄化への鍵！

覚えていよう、とこだわることをやめましょう。

浄化効果 up!! アファメーション

わたしは浄化のために、不必要なものはどんどん忘れていきます。過去からの縛りのない、ピュアな心が常にあることに感謝します。

痛みも受け入れる

傷つくことを受け入れれば次へ進める

　人は誰だって、傷つくことが怖い生きものです。でも、傷つくことを怖がってじっとしていたら何もできません。

　人間、傷ついて当たり前。傷つくからその先が見えると覚悟して、勇気を出して一歩踏み出してみませんか？一歩踏み出せた後は、傷跡もあたらしい風に吹かれてきれいに治っているでしょう。

　勇気を出せないときというのは、頭でわかっていても、心がついていかないときです。一歩踏み出すために、自分が傷つくことを許していないのです。

人は、変化や痛み、
傷を受け入れることで成長できます。

　受け入れられないから、苦しみの渦から抜け出せず、負のループに陥ってしまうのです。

　直観や本能で、この結果は自分が傷つくことになるだろう。と読めている場合、どうしても自分を守ろうとして、問題から逃げようとします。
　どんなに自分が鈍いと思っている人でも、ある程度の予測力、直観力は持っているものです。本能的に自分を守る能力は最低限生存のために持って生まれていますから。
　問題から逃げよう、逃げようとしても、問題は問題のまま放置されています。問題と根っこから対峙するには勇気が必要です。
　自分の痛みを自分で取り出す作業なのですから。
　でもそれが成長であり、進化なのです。

　痛みを感じることだって浄化なのです。
　例えば、あなたは 10 年前に響いた言葉がありますか？
　それはどこかであなたが傷ついた言葉ではないですか？
　傷つくから、次に進めるのです。

　あなたがあなたの問題と向き合う過程で、ときに誰かの言葉

が、誰かの振る舞いがあなたの心に刃のように鋭く刺し込み、血がにじむこともあります。

　流れる血は決してやさしいものではなく、痛みをともない、呼吸が苦しくなるときもあります。トラウマを思い出し、自分と対峙することが困難になるときもあります。

　それでも、心を刺さないと、取り出せない隠されたものがあるのです。

　血管のなかを流れている血、そして血管に守られている心臓。

　心臓を取り出して、魔法をかけるには、心を刺すこともときに必要になるのです。

　刃のように刺すときもあれば、菩薩のように包み込むときもある。両方あって人間。やさしく撫でて、自然治癒できればそれはそれで問題ありません。

　でも、それでも無理な場合、本当のことは刺さなければ伝わらないときだってある。

　あなたを傷つけてしまった人がいるとしたら、このことを思い出してみてください。

　そして、あなたがあなた自身を傷つけてしまっていたとしても。

　うまくいく確信を持っている人は楽している人じゃないということ。

　自分の痛み、弱さと真正面から対峙できる人、ときに激しい

痛みに直面しても、冷静に夜明けを待つことのできる人。

　自分の葛藤に打ちのめされている人、そして、自分が傷つくことを恐れ、うまく進んでいくことを忘れてしまった人……。痛みを感じるとき、辛いかもしれません。間違っているのでは……？と、不安になるかもしれません。でも、決して負けないで。

　痛みの向こう側に、あたらしい光が差し込んでいるかもしれません。

　いや、はかりしれない光があなたを包み込むでしょう。いつもイメージしておくのです。

　あなたが光に完全に包み込まれている様子を……。

心の浄化はときに痛みをともなう。

　けれど、その痛みは決して、

痛みで終わるものではない。
痛みで終わるものではない。
痛みで終わるもの、
なんて、ない。
そう信じましょう。

大丈夫です。

あなたは母親の痛みを、生まれたことによって感動に変えられた人。

痛みよりも、感動のほうがはるかに
大きくあなたを動かしていくのです。

＊ちいさなひみつの種＊

心が痛いと感じるときは、本当の「なにか」を感じているときです。素直に受け入れて、やさしく、あなたのあたたかな手で、癒してあげてください。あなたの手のひらには、どんな悲しみも痛みも癒すエネルギーが、いつだって流れています。

心の浄化への鍵！

痛みを感じたときも、成長のためと自覚し、受け入れる勇気を持ちましょう。

浄化効果 up!! アファメーション

わたしは成長過程で心の痛みを感じたとしても受け入れます。その痛みの先に、驚くような最高な世界が眼前にあることに感謝します。

あたたかい癒しへの鍵

あなたに何もなかったとしても。

そうではないのに、そう思い込んでいたとしても。

心を覗いてみれば、必ず、どこかに蕾があるはず。

やがて心に咲いた花に微笑もう。

いつまでも、その花があなたを守ってくれるから。

あなたの心が浄化されたものでありますように……。

Chapter2

時間の浄化

流れる時間すべてを
愛したい人へ

ありとあらゆる気持ちの限り、
時間は流れていく

人が、尊重するもののひとつに、
時間があります。
時間は目には見えませんが、
大切な「いのち」です。

　時間という概念は決まっていますが、流れ方、感じ方は人により違います。すぐに欲しいとき、それを待つとき5分が1時間ぐらいに感じます。

　たとえば、好きな人からの連絡だったり、仕事の大事な約束ごとの連絡だったり。

　熱中していると、1時間が5分ほどに感じます。

　たとえば、好きな人と一緒にいる時間だったり、趣味に没頭している時間だったり。

　それぞれの時間で味わえる感情は違うものです。色彩だって、グレーだったり、虹色だったり。

　このように時間とは、カラーがあるし、伸び縮みする不思議な感覚があるものです。

　時間は常に「一定に、平等に」わたしたちに流れています。目に見えませんが当たり前のように流れる大事なものです。「今」という時間のシャワーが、今まさに毎秒与えられ続けているのです。

それだけでも、すごいこと。
今を生きるって、すごいこと。
すごいことの連続を
体感し続けているのです。

　この「今」という連続の時間こそが、生かされているという証であり、神さまからのギフトではないでしょうか。

　毎日、毎秒をせかせかと慌ただしく焦りながら、何かに追われながらストレスのなか過ごすのではなく、穏やかに、ゆるやかに、しなやかに、風のなかを踊るように過ごすことができれば、時間の流れとは、本来殺伐とした激動のものではなく、芳醇で清らかなものだということがわかるでしょう。
　時間に抗いながら生きるのではなく、もっと自然に、時間と手をつないで流れるまま生きる方が、人生の波にも乗りやすく、しあわせな風が吹きます。

　抗って生きるから、感情に振り回されてしまうのです。ゆだねて生きれば、今をただ受け入れて穏やかに過ごすことができます。

　わたしたちは、いつも、目の前に大事な「今」が産み落とされ続けているのにもかかわらず、どうしても、過去の失敗や未

来の不安にとらわれてしまいます。

「今」という瞬間を生きられずに、
過去や未来の世界のなかで
生きている人が本当に多いのです。

　もちろん、過去の回想や、未来への展望をイメージすることは誰だってあります。それが「今」という軸をしっかりと持ったうえであれば大丈夫ですが、あまりにも、「今」を感じられなくなるほどに過去に執着していたり、未来のことばかり考えてしまうようでは、「今」という軸で生きられていないことになります。

　この浄化は、過去の失敗や後悔が重く、過去に執着して抜け出せない方、未来への不安、焦りが多く、理想が高く、今現在を受け入れにくい方、忙しく過ごす毎日を抜け出して、自分のなかでの時間の流れを穏やかで美しく、清らかなものに変えたい方、時間の使い方を自然にしたい方に効果的な浄化です。

　あなたに流れている時間が、あなたにとって、いつの日も最高の親友でありますように。時間というものとの付き合い方を浄化していきましょう。

愛ある時間を過ごす

時間と仲良く手をつなごう

あなたは何をしている時間が好きですか？
誰といる時間が好きですか？
どんな感情になる時間が好きですか？
何時ぐらいが好きな時間ですか？
あなたは今が好きですか？
今日が好きですか？あなたは昨日が好きでしたか？
明日を好きでいると思いますか？
去年が好きでしたか？
10 年前が好きでしたか？
10 年後を好きでいると思いますか？

あなたを流れる時間そのものを愛していますか？

……質問攻めになってしまいましたが、ここでたくさんの「好き」が見つかった方は、楽しいこと、好きなことを存分に自分の人生に与えられていることでしょう。日常のなかのちいさな楽しみに包まれているし、「今現在」も肯定できているでしょう。逆に、「好き」がなかなか見つからず、むしろ苦手な時間やストレスを感じる時間のほうが多かった方は、普段から自分の欲求を抑制して、負担のかかることに従事しすぎているため、「今現在」を否定的に感じているかもしれません。

時間の感じ方というのは、人それぞれの生き方で変わるものです。
重く淀んだ濁流のように感じた時間でも、生き方ひとつ、感じ方ひとつで、自分の内面が変われば輝く清流に変わります。あなたに流れる時間の彩りは、あなたの気分のスイッチを変えれば変えられるのです！

時間とは、そのままあなたのなかで
流れているいのちであり、
長く考えると、人生です。

時間だけが、ただ流れているという見方もできれば、時間と一緒に生きているという見方もできます。時間は永遠のいのち

のような、人間が作り出した不思議な概念です。

そんな時間を清らかで神聖なものにできたら……。

人間誰だって、幸せな時間を過ごしたい。そんな時間を愛していきたい。時間こそ愛です。

苦しみを乗り越えられない人は、
どんなに傷ついても、
やがて時間が解決する。

どんな傷も時間という処方箋で解決できると信じてみてください。それが正しい、正しくないという範疇ではなく、信じるという行為があたらしい明日につながっていくのです。

時間を愛するために、あなたの時の流れ方を清らかにして、素敵な世界に変えていきましょう。そのためには、好きなことを選び、愛という気持ちのもと、時間を過ごすことが大事です。人生において好きなことを増やし、好きなこと、人、環境、興味があることに従事する時間で彩るのです！

さぁ、時間を愛して！

時間の浄化への鍵！

時間を愛するために、好きなことを増やそう。

浄化効果 up!! アファメーション

わたしはわたしに流れる時間を愛します。
いつも好きなこと、興味深いこと、勉強をする時間があることに
感謝します。

「過去」を越える

「ちいさな救い」を信じながら過去を越えていく

　皆さん、ほとんどが、生きれば生きるほどに過去が山積みされていきます。

　年齢という年輪が深くなる以上、経験値がどんどん増えていきます。その過程で感じたさまざまな感情、思考も記憶として付着されています。

　辛い過去が乗り越えられないまま、未消化のままで残った状態だったり、いまだに過去の栄光を手放せず執着してしまっていたり。

過去ってもうここには
ないものなのに、
人間は過去に依存しやすいのです。

　それはそのときの感情を、良くも悪くもまだ心が覚えているから。

　解決できていないから。執着することで、安心しようとするのかもしれません。

　せっかく今この目の前にチャンスがあっても、あたらしい世界の鍵を手に入れたとしても、それ以前の記憶にとらわれて、目の前の世界にうまく飛び込めなくなってしまうことが多いのです。むしろ、過去に縛られすぎていると、開いている扉にさえも、気が付かないことが多い……。

　人間は、閉ざされた扉のほうが安心するのかもしれない。
　だって過去は知っていることだから。
　やはり何も知らない未来のことは不安で心配で、だからこそ過去にばかり気を取られ、過去に傾倒してしまうのかもしれない……。

　ときが流れても、自分だけは過去の世界に取り残されている……。

ほとんどの人の悩める理由は
「過去のしがらみ」だと思います。

　何かあたらしい一歩を踏み出そうとしても、過去が邪魔をする。過去の事件、過去の苦しみ、過去の失態がフラッシュバックして足も心も思うように動かない。

　年をとればとるほど保守的になり身動きができないようになる人は、過去への執着が強いのです。過去の痛みに翻弄され続け、現在の刷新されたあたらしい空気を吸えないでいるのです。過去の事件、苦しみや嫌な経験が出てきたら、不思議と脳はそれを何度もリピートしてしまいます。ふとした瞬間に、それが思い出され不快な感情に陥ったり、ときに過呼吸になったり、人によってはほんとうに辛くなったりします。失恋だとか裏切りだとか暴言だとか。傷つけられた場合も、傷つけてしまった場合でもです。

　自分のなかで完全に消化しきれていないから、何度もリピートされてしまうのです。
　「根っこ」の部分が残ってしまっているというわけです。

　大事なのは、○○だからダメだった、と原因ばかり追及せず、失敗に執着せず、起きたことを受け止め今からどう変えていくか。

失敗したって大丈夫。誰もが失敗する。これ以上自分を責め
すぎないで。あなただけが完璧じゃないんだから。

　じめじめと悩まずに「じゃあこれからこうしよう！」とバネ
にしていく勇気をもって、また踏み出せばいいのです。ネガティ
ブな感情を自分のなかであたらしい「勢い」のエネルギーに変
えていくのです。ぐんぐん伸びる木のように。間違えたことや
失敗に執着せずに、あたらしい地図を広げる勇気をどうか持っ
てください。間違えてこそ人間ですから。

起きたことに苦しみ、過去を思い、
時間が止まったような悲しみ、寂しさ、
不安、そういった、
どうにもならない「感情」を感じてこそ、
人間なのです。

　そこですぐ切り替えられるほど強くないし、機械的でもあり
ません。

　表面的に強がって、大丈夫！と自分に言い聞かせていても、
根っこの部分は寂しいのです。辛いのです。自分を無理にだま
しているから、余計苦しくなるのです。
　だから、過去を受け入れ、認め、今に気付き、未来に発展さ

せるということは、本当に大変なことなのです。

　もしあなたが想像を絶する過酷な過去から抜けきれない場合、「じゃあ明日から過去を拭い、未来に向かって頑張ろう！」、などとすぐに気持ちを転換できるわけがありません。
　現実、辛い思いを乗り越えるなんて簡単ではないのです。並大抵でない苦しさと戦った人でなければ、本当の意味で乗り越えられない、とわたしは思います。

　過去からの脱却は、修行のように険しい道のりかもしれない。
　でも山の頂上にたどり着く道筋で、
　綺麗に咲く花があったり、
　流れ出る美しい水があったり、
　やわらかい木漏れ日があったり、
　そのように、ちいさな「救い」も多い。

　晴れて、頂上に登れたときには、過去（山の下の景色）は本当に遠く、今起きていることではないんだ、と気付く。でも、それに気付くには、プロセスがある。

　色んな感情を味わいながら、
　人はやっと、過去を過去として理解でき、
　認め、
　今に気付き、
　未来を見られるんだ……。

それが、「乗り越える」ということなのかもしれない。

と、わたしは思います。

過去を浄化するとは、きっと大変な道のりをたどりながら、最後に自分の元だけに降り注ぐ光を見つけるような貴重な体験なのだと思います。

本当の願いが叶うときも、また同じように。

今に生きたいと思いながらも、過去に生きてしまっているあなた。無理して今に生きようとしなくてもいい。

まだ自分のなかで解決したいことが残っているから、ミッションが残っているから、過去にいるのではないですか？

悪い記憶は誰だってある。あなただけじゃない。

それは人類が生まれてから、あなたが生まれる前のDNAにも刻まれてしまっている。過去にいる自分すら、受け入れ、認めること。

それが最終的に過去を認め、今につながり、未来に前進する「大きなエネルギー」となっていくのかもしれません。

＊ちいさなひみつの種＊

過去を消そう！消そう！と無理に思えば思うほど、そのとき、過去に生きてしまっています。消そう！と思うことすら、放棄してみましょう。もしかすると、その過去に浸りたいのかもしれません。その場合は、気が済むまで、飽きるまで、浸り続けてみましょう。

時間の浄化への鍵！

過去を受け入れたうえで、過去から今に視点を変えてみましょう。

浄化効果 up!! アファメーション

過去から脱却するために、今が与えられていることに感謝します。今生きていることに意識を戻し、深呼吸して今のいのちの流れを体感します。

瞑想で
「今、ここ」
に留まる

「今」はあなたの親友

　あなたは今、
「今」に生きていますか？

　昨日のことを考えたりしていませんでしたか？
　おとといのこと、先週のこと、去年のこと、ずっと昔の自分の失態のこと……。
　それは過去にまだ生きていて、「今」の空気を吸っていません。
　明日のことが気になってしょうがないですか？
　あさっての予定ばかり考えていませんか？

74

それとも５年後のことを悲観的に考えている？老後のことまで考えてしまっていない？

　それは未来に思考が飛んでいて、「今」の空気を吸っていません。

　わたしたちは、平等に与えられた「時間」というものを、平等に「生きている」はずで、実は全く、今に生きられていないことが多いんです。

　一生のうちで、ほとんどを過去の記憶で生きている人もいれば、ほとんどを未来への不安で生きている人もいます。

けれど「今」は「今」しか
変えられないのです。
そのことに、気付いただけでも
いいんです。

　あ、また過去のことを考えていた！また未来のことを考えていた！

　そうして気付いて、また「今」に戻していけばいい。

「今、ここ」に留まるには、呼吸に意識を集中させる瞑想が効果的です。自分の内側に静寂をつくり、ゆっくりと呼吸しながら一秒一秒を吟味していけば、そこにあるのは、鮮烈な「今」しかありません。

過去が未来を変えるわけでも、未来が今を変えるわけでもありません。

「今」が、「今」を変えていった
積み重ねの結果、
それが「未来」につながるんです。

だから「今」が与えられ続けていることに感謝したいですね。

人間の思考はいつも不思議。

「今」は毎秒与えられて、あたらしい時間を常に与えられているのに、過去からも、未来からも逃げられない。人はいつも、「今」起きていないことのほうに意識をとられます。
そして、最も大事な「今」というギフトに気付かない。

これを読んでいるあなたも、きっと、読みながら過去の自分を思い出したり、未来を思い馳せたりもするでしょう。「今」与えられる情報を受け取りながらも、過去や未来を行ったり来たりしている。そんなことも多いのです。だから読書というのはタイムマシーンみたいなものですね。時空を超えた夢の世界です。不可能が可能になってしまいます。

やはり、何をしていても、過去や未来のことが頭の上をぐる

76

ぐる回ってしまうのは致し方ないのです。

　一秒一秒ただ、「今ここ」に留まり、「今ここ」に焦点を合わせて人生をしっかり鮮烈に生きることが、あらゆる執着を捨てるヒントなのかもしれません。だからこそ、何だかんだ一番難しく、奥深いことなのかと思います。

　今を肯定的に見つめることができれば、アイディアが浮かびます、未来へのアイディアが。今をリアルに肯定でき、受け入れられる人こそが新鮮なインスピレーションを受けることができるのでしょう。

「今」を生まれて初めてできた、大切な親友のように思い、一緒に過ごしていけたら、どんな壁があっても糧となり、乗り越えていけることでしょう。

時間の浄化への鍵！
瞑想で呼吸を整え、「今、ここ」に留まりましょう。

浄化効果 up!! アファメーション
わたしは雑念が浮かんでも、「今、ここ」に留まることを習慣にします。今という時間が与えられていることに感謝します。

「未来」を追わない

未来を想うのは恋の感情と同じ

あなたは、「未来」と聞くと、ワクワクしますか？それとも、心配になりますか？

もちろん、そのどちらでもない感情でも大丈夫です。

未来というものはつかめるようで、つかもうと思うとすり抜けていく。

まるで、片思いの恋の相手のようです。

追えば追うほどに逃げていく、恋の駆け引きのように、わたしたちは未来を感じているのかもしれません。

　誰もがうっとりするような未来を過ごしたいと思っていることでしょう。
　きっと、結婚願望・家庭願望の強い人は（素敵な人と結婚して幸せな家庭を築いて……）、仕事で活躍したい人は（仕事で昇進してやりがいを感じて収入も UP して……）など、具体的な願望、夢があると思います。

　ただ、「未来」もまた、「過去」と同じように、「今、ここ」にはないものです。
　わたしたちが生きてきた実績、知っている世界の「過去」でも、真新しい脈を打ち続けている「今現在」でもなく、過ごしていない時間のことですから、とりわけ予測不能の謎の世界ということになります。

　その謎をイメージする、クリエイトする。それが、未来を描いていく醍醐味であり、おもしろさなのだと思います。謎だから、楽しい。謎だから、期待できる。

　まるで起こってもいない素敵な出来事を妄想して、ときめきを覚えるような少女の姿を感じます。

　未来とは不思議なもので、人に期待も与えれば、不安も与え

てしまいます。人によって、ふり幅が非常に大きいのです。
「今」が確実に楽しくて、満足している人生であれば、どこか
楽観的に、先のことも感じることができるでしょう。しかし、
「今」に不満で、心配事が大きいと、先のことも悲観的にとらえ
てしまいがちです。まだ見ぬ未来が予測できないから怖い。で
もいきなり未来が、10年後が、ドーン！とくるわけではないの
です。

　未来は「今」の延長線にあるものですから、「今」という土台
がふらついていれば、未来もまたぐらぐらして霞みがかってし
まうのです。

**　未来を輝かせるためには、土台である「今」を肯定すること。
降りそそぐ「今」という瞬間のチャンスに感謝していくこと。
一瞬、一瞬、愛して、一瞬、一瞬、肯定していくこと。**

なぜ「今」がチャンスなのかというと、わたしたちは自分自身を変えていけるのは「今、この瞬間」しかないからです。

　今がだめでも、きっと未来は……。今はしないけど、いつか、
未来にしよう。という思考は「今」を否定していますから、未

来も否定になってしまいます。

　そして、「今」に不満だからといって、未来ばかりよりよくなるように願ってばかりいても、あなたの期待する未来はやってこないでしょう。なぜなら、未来は、追えば追うほどに逃げていくからです。

　未来にばかり夢を馳せて、未来だけを希望で彩ろうとしても、それは現実逃避という名の妄想で終わってしまいます。むしろ、未来の幸せを求め、つかもうとするあまり、それが「今」の自分の不満をさらに大きくしてしまうリスクもあります。

　いとしい未来に微笑むためには、まずあなたの今脈打ついのちに感謝して、この瞬間を最高な時間に変えていきましょう。

　まだ見ぬ未来のことをあれこれ悲観したり、期待したりして過度に執着しては翻弄されるのではなく（片思いの恋人と同じように）、「今ここ」にデーンと構えて、遅しく自然な流れでいのちを全うして生きたほうが、一秒一秒の彩りが清らかになります。

　心配ばかりしているより、今を楽しんでいる人の方が、異性からも同性からも、魅力的に思えるのと一緒です！

さあ、今を生きましょう！
一瞬、一瞬、かけがえのない、
天からのギフトです。

　あなたの脈、心臓の鼓動、血液の流れ、すべてが今ここにあるいのちの営みです。

　しっかりと、浸るようにこの生の躍動を感じてください。

　一瞬を抱きしめるように、逃さないことです。

　人生は一期一会の出会いの連続、そして諸行無常という抗えない摂理があります。

　だからこそ、この瞬間をどう生きるか？

　遠い未来ばかりに思いを馳せるのではなく、得たものに執着するのでもなく

ただ、この瞬間を精いっぱい生きる。
その連続が未来を創っていくのです。

＊ちいさなひみつの種＊

明日は明日の風が吹く。
それなら、今日を精一杯生きていきたいですよね。

....

時間の浄化への鍵！

未来ばかり追わず、一瞬一瞬を全力で生きましょう。

浄化効果 up!! アファメーション

わたしは未来に行き過ぎた思考を手放し今この瞬間に戻します。
脈、鼓動、血液の流れを感じながら、今ここにあるいのちに感謝
します。

すべての
時間を
受け入れる

時間という壮大な風を踊る

「今、ここ」の大事さをこれまで何度も繰り返しお伝えしてきました。

　一秒一秒大事にしながら、呼吸に集中していく。それがひとつの瞑想であり、過去や未来に翻弄されないで「今」という軸を保つ、心の鍛え方だと思います。

　でも、修行者でもない限り、それをマスターしていくのはなかなか難しいものです。瞑想しているときは集中できたとしても、そこから解放されたら、もう瞑想中のことを思い出したり（瞑想中のことはもう過去です）、今日の晩御飯何つくろうか

な？（先の予定を考えるのは、未来を考えることです）と、脳裏にいろいろな考えがめぐりはじめます。つい、うっかり、やっぱり、「今」を忘れてしまうのです。

やはり、今という時間はミルフィーユのように層になっていて、過去や未来も一緒になって混ざり合っているんだろうと思います。

でもこの、未来も過去もぜんぶ混ざり合ったものが、本当の意味で「今」なのかもしれないとも思います。それは、決して純度の高い「今」ではないけれど、混沌の、ありとあらゆるものを感じた世界、それこそが今だから。

それでいいと思うのです。
完璧で純粋な今ではなくても。

すべてが混ざり合った、今を受け入れていればいいんだと。

今だけを無理して生きなくてもいい。過去も今も未来もぜんぶ、ありとあらゆるものがつまった混沌とした時間をただ、流れていけばいい。

たのもしいとすら、感じて、踊るように。

今だけを！今だけを！

　と思うと、やはり頭が先になるから体中が力んで、心もギュッと縮んで、流れが淀んでしまいます。

　無理に力まないで、ただ流れる、ぜんぶ、受け入れて流れる。

　悲しみ、憎しみ、過ち、苦しみ、怒り、後悔、喜び、栄光、嘆き、希望、不安、過去からのものも、未来からのものも、今現在のものも、葛藤があっても、ごちゃまぜで混沌としていても、ぜんぶ、ありとあらゆる気持ちの限り、時間という壮大な風のなかで、一緒に流れていく。

　それが、わたしに流れる時間を受け入れる、
　わたしの人生を愛することになるのかもしれません。

　「今」だけに集中して生きるのも、また「今」に対する執着になってしまうから……。
　ただ、あるがままに、感じるものをときが流れるままに受け入れて、時間という概念自体を手放せることが、本当の今を生きるということかもしれません。

＊ちいさなひみつの種＊

すべての感情も思考も、ぜんぶ抱きしめて生きているのがわたしたち。それでいいんです。いいと思いませんか？

....

時間の浄化への鍵！

「今、ここ」に留まれなくても、時間の流れを受け入れましょう。

浄化効果 up!! アファメーション

わたしは、「今、ここ」の軸からぶれた自分すら、受け入れて生きていきます。時間の概念に執着せず、手放し、ただいのちがあることに感謝します。

花が咲くときを待つ

時間差の秘密を感知する

　自分に不満が多いときほど、人というのは焦りやすいものだと思います。

　周りの友達が一気に結婚してしまったとか、どんどん夢を叶えていくとか、自分だけが取り残されたような感じになってしまうと、どうしても焦ってしまいますよね。

　けれど、焦っても、時間の流れは変わらないものです。

　他人の生き方に左右されて、焦っても状況は何も変わらないものです。

　自然だって同じように、すぐに花が咲くかというと、咲け！咲け！と煽っても、咲くわけではないのです。

花には綺麗に咲く最良の
タイミングがあって、
それを待つことも大事です。

　焦ることって、まだ咲かない花の種を植えた土に向かって、咲いて！咲いて！と無理やり大量の水や肥料を与えているかのようですよね……。

　そうしてしまうと、綺麗に咲くはずだった花も、美しい色を見せる前にうまく咲くことができなくなったりします。

　焦って、無理しても、逆効果になることがあります。
　いや、焦っているから、無理してしまう。
　無理するから、いい結果にならないのです。

　綺麗な花を咲かせるためには、花咲くための完全なタイミングを待ってあげること。
　それまで気長に待つ過程も楽しむことが大事です。

　何をやっても思うように結果が出ないときというのはタイミングがずれていませんか？
　たくさんの結果を出そうとして焦って、ありとあらゆる種をまく。
　でも簡単にすぐに花は咲いてくれない。

　花を咲かすには、時間も大事だし、成長のために常に手を加えなければいけませんよね。

　土、水、栄養、太陽……。それがバランスよくなければいけませんし雨風から守る必要もあります。そして愛情、感謝の心があれば元気に育つでしょう。
　種だけまいて放置したからといって、すぐに結果は来ないのです。結果が来ないから不安になり、焦ります。無理をする、そしてもう少しで花が開く寸前のチャンスを失ってしまうのです……。

　自分のことでいっぱいいっぱいだと、周りのことに注意が払えなくなります。
　わたしはどう思っている、わたしは今こう思われていないか？どう思われている？こうありたい……「わたしは！わたしは！」という心の叫びに押しつぶされた状態では何をしても、周りからの繊細なメッセージに気付けないのです。気付けないまま、焦り、無理をして繰り返します。そして自分のせいだと自己嫌悪になり、よくないループが続いてしまいます。

　まずは、一呼吸おいて、無理に急いでもいい結果はやってこないことを理解して、待つことも仕事のひとつと考えてみませんか。

人には、必ず、輝ける最良の
タイミングがあります。

　ときを待つこと。そこがとても重要で……。
　時間は皆平等に、流れているものだからこそ、時間に対して
誠実でありたいものです。

　ずっと咲かない花はないのです。
　春、一斉に咲き誇るために、
　冬のあいだは、じっと耐えることを悟ったうえで、
　自ら秋に枯れるのです。

　実らない、実らない、と
　焦らないで、そこで諦めないで。

　あと1秒でも、待ってみて。
　実りはいつも時間差でやってくるのです。

　花が咲くためには必要なときがあります。あるべき、用意さ
れた時間を待てる人が、咲いた花を愛でることができるのです。

　叶わない、時間さえも尊重してみて下さい。
　すべての時間、いのちを、尊重することで必ず春は来るので
す。

＊ちいさなひみつの種＊

もしかすると、小学生のときの願いが 80 歳になってから叶うか
もしれません。そのぐらい、時間差という魔法があるのです。だ
から、あきらめないで。年をとったら遅い、も思い込みです。
その時精一杯、人生を楽しんで。

．．

時間の浄化への鍵！

願いが叶うまでの、待つ時間も楽しみます。

浄化効果 up!! アファメーション

わたしは決して焦らずに、楽しんで待つ余裕を持ちます。
願いが時間差で叶うという恩恵に感謝します。

時間を「ゆっくり」奏でる

時間をかけることで深まる雅

　同じ呼吸でも、ゆっくり丁寧におこなうのと、息切れするように浅くおこなうのでは、落ち着きが全く違うものです。

　同じ言葉でも、ゆっくり丁寧に話すのと、早口でまくしたてて話すのでは、伝わり方が全く違うものです。

　同じ食べ物でも、ゆっくり丁寧に食べるのと、がつがつと頬張るように食べるのでは、味わい方が全く違うものです。

　同じ振る舞い・行動でも、ゆっくり丁寧におこなうのと、荒々しくおこなうのでは、優美さが全く違うものです。

　時間はどんなときも平等に、気が付かぬ間にやさしく流れて

います。

　それなのに、わたしたちはつい忙しさから、早足になり、息切れし、よく嚙まずに食べ、早口でおしゃべりして、なんでもかんでも早く早く、進めようとします。

　特に都会の人の歩きは早く、皆殺伐と、リズムというものを忘れて、まるで録画映像を早送りしてみているかのようです。都会に流れる時間は瞬間瞬間が早く感じますが、それに合わせて、人の動きも早くなってしまっているのでしょうか。

　ただ早ければいいとばかり、リズムを忘れてしまった生き方というのは、やがて心に大きな風穴を開けてしまいます。

　そうならないためにも、少しずつ「ゆっくり」奏でる雅の世界へ自分をいざなってみましょう。今まで生きていた「短縮即決のスマート人生」という舞台から、「優美優雅のゆっくり人生」という舞台にのりかえるだけ。

シナリオは簡単。
ただ、今までのおこないに、
ゆっくりと時間をかけるだけ。

　時間をかけると、心も一緒についていきやすいですから、体と心がつながり、自分自身が調和できます。急がなくてもいいんだ。こんなにも気持ちが楽になるんだ、ということに気付け

るはずです。

　呼吸というのは、深まることで全身に新鮮な空気が行き渡ります。

　息切れするような浅い呼吸では、十分に空気が送り込まれません。この空気は体内に取り入れることで「気＝エネルギー」になるものですから、しっかりと「吐いて、吸って」を深めることが大事です。

　しっかり吸うためには、まず、思いっきり今ある空気を吐いて、吐いて、吐いて、吐ききって！これは、「与えよ、さらば与えられん」と同じことです。

得るには、まず自分から差し出すこと。
空気だって、なんだって一緒なのです。

　どうしても、急ぎ癖のある方、1秒でも時間を短縮したいと思っているせっかちの方は、まず、深く、深く、深呼吸してみましょう。最初は、深呼吸する時間すら、短縮したいと思うかも知れません。大体、座ってじっとしていること自体、難しいかもしれません。

　でも、人生のすみっこでたたずんでいる、あなたの本当の声

は、もっとゆっくり動きたいかもしれません。もっと、深く呼吸してエネルギーを充満させて、健康になりたいかもしれません。そういった自分自身のちいさな声を拾ってあげることも、愛情です。

　ゆっくりとひとつひとつの行動を深めながら、味わいながら生きていくと、今まで気付かなかったちいさな発見の連続が訪れます。

　今まで自分の人生をずっと早送りにしてきた方も、スローモーションまでゆるめて、体も心も一緒にゆるんでいきましょう！
　ゆるんであたらしいエネルギーをたくさん吸収して、優美に、優雅に、流れゆく時間を堪能していきましょう！あなたの感性で、おいしい時間を味わうのです！

　時間は、あなたの心の配り方ひとつで、きっと、在るべき自然な方向へ浄化されていくことでしょう。

時間の浄化への鍵！
急がずにひとつひとつの行動をゆっくりおこないましょう。

浄化効果 up!! アファメーション
わたしは急がず、焦らず、心を落ち着かせてひとつの行動に時間をかけます。ゆっくりと行動することで生まれる気付きがあることに感謝します。

あたたかい癒しへの鍵
　あなたはただ、ゆだねるだけでいい。
　あなたはただ、すべて、抱きしめて生きていくだけでいい。

　逆らわないで、流れに乗って。
　時折、タイムマシーンに乗って。

　あなたの時間が浄化されたものでありますように。

Chapter3

愛としあわせの浄化

世界を美しいエネルギーで
満たしたい人へ

見えないエネルギーが

奇跡を起こす

愛としあわせ、それは、人間が生きていく上で求めてやまない永遠のテーマでしょう。
　愛されたい、しあわせになりたい、誰もがそう思うでしょう。

　人は、愛やしあわせを乞いながら、なぜ、苦しむのでしょうか。

　ほとんどの、苦しみの原因は、愛の欠如です。
　心の葛藤、もやもやの正体は愛の渇きです。
　愛したいけれど、愛せないとき、人はいたく苦しみます。

　愛がない、わけではなくて。愛はあるのに、伝えられないから、愛をストレートに出すことに抵抗を感じるから、愛せないことで人は苦しんでしまうのかもしれません。
　けれど、愛したいという気持ちは能動的な気持ちです。
　それこそ、愛です。だから今は愛せない苦しみがあろうとも、大丈夫です。

あなたには今、愛がある。
愛したい、という気持ちがあるだけで、
もうそこにはすでに「愛」があるのです。

　だから、愛せない自分をどうか責めないでください。

完璧に愛するんじゃなくて、
前向きに愛するんです。

　そんな思いで、愛としあわせについて、浄化していきましょう。

　あなたはいつでも、愛、しあわせを選べます。
　今、この瞬間から！

目に見えないものを大切にする

愛は能動的なエネルギー

　わたしたち人間は、目に見えるものだけを信じてしまいがちな生きものです。

　でも、目に見えないものも本当にたくさんあるのです。

　目に見える世界にばかり没頭していると、そのことをすっかり忘れてしまいます。

　人は視覚から入るものに、おおきな影響を受けています。だからこそ、見た目だけの判断で勘違いもしやすくなります。

　見えるものが、本当のものを遮っているのです。

だから、見える情報ばかりを信じないで、心が震えるエネルギーを信じてみてください。

空気は見えません。においも、雰囲気も、声も、音も見えません。第六感も見えません。

なんとなく感じる、「何か」も、見えません。わたしたちは、目に見えるものより、見えないもののほうに影響を受けていることのほうが実は多いのです。

それは、愛だったり、ちからだったり、気の集合体のようなもの。

「愛」とは目には見えませんが、必ず感じることができます。

愛こそ、目で見ることなく、心で見ることなのです。心で見て、感じることです。

愛はそのものがここにあるかのように、漂っているのです。強力なバイブレーションを持って。

愛は、全世界を動かしていく壮大で根源的な能動のエネルギーです。

愛のように、目に見えないエネルギーこそが、世界を動かしているのです！

107

　口から放たれた言葉も、目に見えません。

　例えば、あなたの気分が優れないときに、友人が何気なく「今日はいい天気だね」と言います。友人は決して天気の話をしたいだけではなく、天気の話を通じて、気分はどうですか？元気ですか？と、こちらの心の在りかを引き出してくれているのかもしれません。

　このように、**表面的な言葉の意味だけを受けとらずに、言葉の裏にひそむ、秘められた感情やメッセージまでも心で見ることが、「目に見えないものを感知する」** ということになるでしょう。

　ここまで汲みとることができれば、友人からの思いやりを感じることができ、優れない気分が、愛の状態に変化していきます。

　見える世界だけで決めないで、見えないものや、見えないものをいたわる心を信じると、あなたの心はより繊細に、この世界の波動と調和し、愛の状態で生きることができるでしょう。

見えないエネルギーに意識を向け、それを大切にしましょう。

わたしは、目に見えるものだけに惑わされず、見えないものまで感じます。目に見えないエネルギーからの多大なる恩恵に感謝します。

今すぐ与える

愛は自然なしあわせへの回路

この世のなかの普遍の法則です。

欲しいものは、まず、与えなければ受けとれない。
裏返せば、欲しいと思ったものは、与えればよい、わけです。

　しあわせや、愛がほしいと思っても、欲しい欲しいと欲深く
なるときは、呼吸も荒く、浅く、渇望的で、距離感が何事にも
近くなります。
　欲しい（くれくれ）→現実的には何も起こらない→不満→もっ
と欲しい。

110

このループです。これは、不自然な回路だからうまくいかないのです。

まず与える→自分以外の場所に届く→時間差で受けとる。これが自然な回路です。

ですから、欲しいのであれば、積極的に与えればいいのです。あなたを必要として待っている人は世界中、たくさんいます。あなたは与えることで救われます。

豊かさとは、どれだけ得るかではなく、どれだけ与えたかによってもたらされるものです。

自分だけが得ていたり、得ることばかり考えているうちは、豊かさは受けとれないでしょう。

与える喜びを感じることがしあわせにつながります。
与えたい！と思うとき、あなたは愛に満ち溢れています。

しかし、欲しい、欲しい！と必要以上に欲深くなるとき、あなたは愛に飢えています。

結果、よけいに愛から遠ざかってしまいます。

愛とは能動的な行動、言動です。

　恋愛したい、結婚したい、認めてほしい、愛してほしい……
と、欲しい、欲しい、ばかりになっていませんか?

　では、考え方を変えましょう。

外側から「愛を乞う」ことを手放し、自ら、あなたから、「愛
して」みてください。
愛するものに愛は与えられるのです……。
愛は時間も場所もすべて超えて存在しているのです。

　愛の与え方として、今すぐにできるのは、

微笑みや肯定、安心感、思いやりを
与えることです。

　さあ、妥協せず、今すぐにしましょう!
　誰だって、すぐに選択できる、実行できる、「愛」の行動で
す。

　そういったことが恥ずかしければ、ゴミを拾うだけでも、お
つりを寄付するだけでも十分だと思います。

何事もちいさなことからはじまって、おおきなことが果たされます。

　山から下りてきた水もやがて、海に流れ着き、世界が広いことを実感するのです。

　あなたの日々のちいさな愛の行動はやがて、海のように大きなうねりとなって、波を起こし波紋のようにひろがっていくのです。

＊ちいさなひみつの種＊

人に与えることは尊く、素晴らしい行為ですが、それに対してまだ恐れがある場合は、まず自分自身に愛を与えてみましょう。自分に微笑みや肯定、安心感、思いやりを与えてあげるのです！自分を愛することから、すべてははじまっていくでしょう。

....

愛としあわせの浄化への鍵！

欲しがる前に今すぐに与えましょう。

浄化効果 up!! アファメーション

欲しいと渇望する気持ちがあったらそれに気付き、与える行為に変えていきます。
わたしのなかにたくさんの与えられるものがあることに感謝します。

変化を受け入れ、楽しむ

諸行無常を感受する

「しあわせ＝幸福感」とは、はひとりひとりの価値観により違うもの、そして、人の成長によって変わっていくものでもあります。

　だから決めつけられないし、一概に言えないし、わたしの考えも押し付けることもできません。それでも、「しあわせ」のための土台となるヒントは隠されていると思います。

　しあわせな状態を続けていくには、自分の心の平和だけではなく、円満なパートナーシップや周りの人との関わりが不可欠になるでしょう。

家庭でも、仕事でも、人は生きていく以上、必ず人と関わることになります。
　ここでは、パートナーシップや社会生活での人との関わりのなかでの「しあわせ」な気持ちが続いていくヒントについて感じてみましょう。

　恋愛、結婚、友人、親子、すべての人間関係は決して一定ではありません。それに伴い、心も変化していくものです。一生、変化なく現実が維持されていくということはありえません。

　この世は、諸行無常です。生きていく以上、それぞれの「道」がありますから、出会いと別れを繰り返していきます。
　大恋愛をしても、別れを経験したり、幼馴染とも、生き方の変化で離れ、子供もやがて手が離れ自立していきます。
　生きていくうえで、心理的な別れも、物理的な別れもどちらも経験するでしょう。
　人との関係、ご縁というものは、自分の力だけでコントロールできないものなのです。

　パートナーシップやすべての人間関係で苦しまない人は、変化を受け入れています。
　しあわせな人は、変わらない現実を求めるのではなく、変わる現実を受け入れるのです。

　やがてくる別れを感受して生きていますから、いざというと

きも、現実を尊重できます。

　去る者追わず、くるもの拒まずという精神で悠長に付き合うことができるでしょう。

　人との関係で苦しむ人は、変化を受け入れられません。

　その人との関係に執着し、依存し、前に進むことが難しい状態です。

　去る者を追い、くるものを受け入れられない葛藤で生きていくことになります。

　苦しむか、苦しまないかは、「変化を受け入れられるか否か」で変わります。

　そして、その先の「変化を楽しめるか否か」でより変わります。

　世のなかの普遍の摂理である諸行無常を感受する心を持ち、現実に抗わずに尊重することが大事です。

　変化を受け入れるためには、諸行無常のなかで生かされている自分に気付くことです。

　自分が世界を回しているわけでは決してないということに気付くのです。

　すべては一定でなく、四季のうつろいのように変わっていく。

　うつろいゆくもののなかにこそ、美しさがあり、はかなさがあり、ドラマ、情感が生まれるということ。

　コントロールや支配、力に頼った生き方から解脱し、現実に決して抗おうとしない自然の美しさを感じ、変化していく時間

の尊さを感じながら、優美に生きる幸せに気付くのです。

　諸行無常だからこそ、今という瞬間を尊重することができます。

　そして、ひとつひとつの人とのご縁も大事に育んでいこうという気持ちが生まれるのです。ひとつひとつのご縁を大事にして生きていますから、トラブルや悩みも生まれにくくなるのです。

　結果、より深みのあるしあわせを感じることができるのです。

　しあわせとは、現実を決して変えずに頑なに守るということではなく、変わる現実を楽しめる生き方にあると思います。

愛としあわせの浄化への鍵！

人間関係での変化を受け入れて楽しみましょう。

浄化効果 up!! アファメーション

人との関係で、変化を恐れず、楽しめる心の余裕をもちます。
別れのあとに、必ずあたらしい出会いがあることに感謝します。

孤独とはあなただけを愛せる贅沢時間

　先ほどの項目で、人との関わりのなかで、しあわせな気持ち
を続けていく秘訣についてお話ししましたが、「しあわせ」とい
うものは、自分以外の「誰か」と関わっていないと感じられな
いものでもないと思います。

　自分だけの孤独な時間を愛せるかどうかが「しあわせ」の根っ
この部分として、大切なことだろうと思います。

　では質問です。あなたは孤独な時間が好きですか？
　大好きです！！孤独になるためだったら、何だってしま

す！！という達観された方もなかにはいらっしゃるかもしれません が、大体は、孤独というと寂しさや悲しみ、心細さといったイメージがついてきたりしますから、苦手な方が多いのではないでしょうか？特に女性は、「親しい人との会話」を必要としますので、常にだれかと行動していたいという気持ちもあるかと思います。

　しかし、孤独な時間こそが、あなたの人生を極上に彩る洗練された贅沢時間になるのです。多くの文学、芸術だって孤独の時間を通して生まれてきました。

　孤独を選ぶ勇気を持つ方は、強く、美しい。そして、自分自身を心から愛しています。自分を信頼し、あるがままの自分と一緒にいたいと思っています。

　積極的にひとりの時間を選び続ける人の心とは、決して世のなかが感じている「孤独＝寂しさ、悲しみ、心細さ」ではなく、「孤独＝自分だけを見つめ、愛せる貴重な時間」であるのです。

　孤独は、ひとりぼっちになる寂しさなんかではない。弱い心ではない。
　だれといる時間よりも、濃厚で、豊かで、贅沢な時間であり、強い心を持っているからこそ選べるものだと。

　ひとりでいることが孤独というわけではなく、愛すべき家族

や仲間がいるのにもかかわらず、心が通い合わない方がよっぽど寂しく、孤独でしょう。前者の孤独は自分と調和された状態ですから前向きな孤独ですが、後者の孤独は、自分はおろか、周りとも不調和ですから、後ろ向きな孤独です。後者の孤独を感じた方こそ、今一度ひとりになる時間をつくって、前向きな孤独を堪能してみましょう。

　ひとりになるからこそ、見える景色があります。
　誰の顔色も窺うことなく、自分の心と素直に会話することができます。
　自分をだますことや、嘘をつく必要もありません。
　あなたは、ただ、あなたのままでいいのです。

　他人軸で生きていた自分、人の考えにとらわれ、執着していた自分、人の期待にばかり応えようとして無理ばかりしていた自分などが、ここには消えて泡のようになくなり、ただ、本物の純粋な状態の自分だけが一緒にいます。もつれた心の糸がほどけていくような、安堵感があります。

　孤独な時間をあえて持つからこそ、周りの人間関係の貴重さを実感することができます。一緒にいることが当たり前になると気付かなかった、パートナーや家族、友人、仲間などへの心からの愛情を感じることができるでしょう。

愛やしあわせを感じたければ、
あえて距離を置くことです。
離れてみることで、
人との関係の尊さがより鮮明に
わかるのです。

　孤独感を贅沢なものと受け入れ、愛することができれば、自分のことも心から受け入れることができ、自分自身と一緒にいるという幸福感がみなぎります。

　他人軸に惑わされない、強いメンタルも身に付くでしょう。どんな誘惑があったとしても、「わたし」の大切なものは惑わされることなく守られます。

ひとりになる時間を選んでこそ、
自分自身を深く知ることが
できるのです。

　自分を深く知ることができれば、その都度その都度、自分に合った道を選ぶことができるため、迷いもなくなり、円滑に人生を進めることができるのです。

「しあわせ」を感じにくくなったら、孤独の時間を積極的に選んでみましょう。あなたはあなたと一緒にいるだけで、十分にしあわせなのです。

＊ちいさなひみつの種＊

ひとりでいるときに、十分に愛やしあわせを感じることができること。それが、あなた自身を愛している証拠です。

愛としあわせの浄化への鍵！

孤独になってひとりを楽しむ時間を作りましょう。

浄化効果 up!! アファメーション

人との関係やパートナーシップで疲れたら、積極的にひとりの時間を選びます。孤独な時間が人間関係の恩恵、日常のしあわせに気付かせてくれることに感謝します。

努力できる
ことを探す

「しあわせ」を持続させる自信のつけ方

　「しあわせ」な気持ちを持続させる根底には、自分を愛することが大事です。これは、基本的なことなので、もちろん、ご存じでしょう。

　では、「自分を愛する」ためには、何が必要なんでしょう？

自分を愛している人には、
「自信」という名の説得力が
漂っています。

124

しかし、あなたが自信を一時的に失っている場合、自分のエネルギーが低下しています。ここでは、自分に自信が持てない理由から「しあわせ」を感じにくい方のための自信を付ける秘訣をお伝えしていきます。

　自信がないときは、自分を信頼する気持ちが落ちているため不安が希望を上回っています。
　自信がないから、不安、不安、不安、なのです。
　輝いている太陽が目の前にあっても、眩しいな〜楽しみだな〜ワクワクするな〜！とは思えません。
　眩しくてクラクラする、気持ち悪い、日陰に隠れたい、などと思うのです。

　自信をつけるには、時間がかかるかもしれません。
　なんでも、１秒で変わるオートマチックな時代ですが、人の心は難しいもので１秒では変わってはくれません。

　扱いが一番難しいのは人間の心です。不安定で形がなく、揺れ動き、愛を求めるからです。

　自信はどうやって付けるのか？
　それは、まず、自分の心に聞いてください。何よりあなたが今まで生きてきた軌跡。
　このなかにヒントがあるのではないでしょうか。
　赤ちゃんだったころから、ハイハイをしてやがて立つことが

できて、歯が生えて、言葉を覚えて、勉強をはじめて、運動を
はじめて、色々な人とコミュニケーションをすることを覚えて、
やがて大人になっていきます。

　そのなかで絶対に自信を失うようなことが起きるはずです。

　人間誰だって……。

　大人になる過程で心は両親との関係、友達との関係、先生と
の関係、恋人との関係などで、必ず無意識でも「傷」を負って
いるのです。だから大人になれたのです。

　でも、子供ながらに傷を負っていながらも、乗り越えて今生
きているわけです。

今、生きているということは、
乗り越えているということです。

　もちろん、感情的に未解決のことは多いでしょう。完璧に生
きられる人はいません。

　不完全でもベストを尽くし、過去を受け入れて、とりあえず
今目の前のことをやる。

　それができているから息を吸って生きていくことができるん
です。

自信はやがて、チャージされ、前向きな日々に必ず戻ります。
今まででもそうだったじゃないですか。

傷ついて、傷ついて、ボロボロになって、もう終わりだ！と

126

思ったこと、あるかもしれません。でも、生きずにいられなかった。

だから今あなたはこうしてここにいる。

　自信を失っているときこそチャンスです。あとは自信の燃焼タンクを埋めればいいだけですから。埋め方は、与えられた日々を大切に生きることから始まります。
　毎日毎日きちんと積み重ねて生きることが、やがて大きな実りになり、達成感を感じたとき、自信につながっていくのです。

　抜け道を探してズルをしては、結局遠回りになるだけです。

　長い時間をかけても大切に時間を紡ぎ、失った自信を取り返していくのです。

人に抜かされてもいい、
自分は自分の時間を奏でればいい。

毎日これをする、継続する、
という目標を決めてみましょう。

　なんだっていいです、あなたの心が安らげるのであれば。
　日記を書くだけでもいいです。

それを、地道にコツコツ続ける、1か月続ける、そこで達成感が生まれます。

そこで、わたしは継続できるという自信になるのです。

日々の努力の積み重ね。それが人に自信を付けていきます。
決して簡単で楽な方法を選ばずに、根本的に「重みのある」本当の自信を付けてください。

そういった経験からの「自信」は
重厚感があり揺るぎません。

やはり、大事なことは日々の積み重ね。
毎日をいとおしく生き続けることかなと思います。

誰もが自信を失い、苦しむときがあります。そういったときこそ原点に戻り、すべてをクリアにして、息をすることから丁寧にしてみる。

自信を取り戻すことは時間がかかるけれど、重みのある本当の自信が身に付いたときの感動は計り知れません。

楽して稼ごうとか、手間をかけず最短でとか、汗水垂らす努力を嫌うような世のなかですが、努力あっての感動、努力あっ

ての自信につながるとわたしは信じています。

だから、努力は楽しい。楽するのが楽しいわけじゃない。
努力できる人は幸せな人だと思います。

＊ちいさなひみつの種＊

具体的には、努力できることを探すことから始めましょう。努力
できることは、楽しいことです。好きなことです。心がときめき
動くことです。あなたの好き！を探しましょう。好き！の延長線
上にある努力、努力の延長線上にある自信まで見据えるのです。し
あわせな気持ちで。あなたを動かすのは、好きだ！という愛です。

愛としあわせの浄化への鍵！

努力できる「好きなこと」を探してみましょう。

浄化効果 up!! アファメーション

わたしは一時的に自信を失っても努力を楽しみ、ちいさな達成感
を大切にします。努力できる対象があることに感謝します。

129

視点を変える

ネガティブより、愛に焦点を当てる

「愛」や「しあわせ」を感じやすい体質にしていくには、ちょっとした「コツ」が必要です。対象をこれまでとは違う視点で眺めて、感じてみるのです。

視点を変えれば、
見える景色はまったく変わります。

　例えば、同じ海にいたとしても、波を見るか、水平線を見るか、砂を見るか、瞼をとじ、風を感じるか。太陽を見るか、飛

ぶ鳥、空の雲を追うか。そこで遊ぶ家族の姿を見るか、人によりさまざまです。

　ああ、きれいだな、気持ちが安らぐな！とただ素直に喜ぶ人もいれば、海で仲良く遊ぶ家族を見て、なんでわたしはまだ結婚できないんだろう、と嫉妬の感情が煮えたぎる人もいます。同じ海でも、感じ方は本当に人それぞれなのです。
　楽しいもの、美しいものを見つけて満たされる人もいれば、ネガティブなものを見つけて、嫌な気分になる人もいます。しあわせを感じたかったら、やはり前者の選択がいいでしょう。

　同じ雨でも、外に出るのが面倒くさい、という刷り込みをクリアにして、雨に洗われる草花や木々のみずみずしさに見惚れてみる。
　どんなときでも、美しい場所、気持ちがときめく瞬間をさがして、感じる癖を身に付けていくのです。

地球は、美しいものであふれています。

　わたしたちは日ごろ、事件、事故、災害など、不安な情報を浴びることにより、視点がネガティブなものに傾倒しやすくなっています。
　けれど、地球のなかにある、美しいものを探し、視点を変え、愛あるものに焦点を当てていくのです。

これは、押し付けではありません。

ネガティブで不安な世界か、美しく愛ある世界を見るか。
それはあなたの選択の自由です。
大事なのは、ネガティブな状況を真っ向から否定し逃げるのではなく、いかなる環境下にいたとしても、愛を見ることです。

これは、人間関係にも応用できます。仕事にも、何にでも応用できます。
あなたの大切な人を、大切な仕事を見る視点も変えてみましょう。

暗い部分ばかり見ようとせずに、太陽、ひかりの部分を照らしてあげましょう。

あなたの目は、ひかりを秘めています。

ひかりと同じ波長のものを見るようにしてみませんか。
あなたが、関わるすべてのひかりを感じ、そこに向かっていけば、より多くのひかりで満たされることでしょう。

＊ちいさなひみつの種＊

あなたがパートナーに嫌な部分を感じているとします。しかし、他の人からすれば、それがむしろ長所に感じたりもします。「嫌」はあなたの心の投影であり、あなたが生み出したものです。今すぐ視点を変えて、いい部分を探してみましょう。ときめきを思い出すのです！

- -

愛としあわせの浄化への鍵！

いかなる環境でも、愛やひかりに焦点を当て、前向きに生きましょう。

浄化効果 up!! アファメーション

わたしは、良いもの、素敵なもの、美しいもの、愛あるものにフォーカスします。地球が愛あるもので溢れていることに感謝します。

迷ったら、いつでも「愛」を選ぶ

動機が純粋であれば、愛

　人間には生きる過程で数々の選択を迫られることがあります。

　迫られないとしても、無意識のうちに、常に何らかの選択の連続のなか、わたしたちは生きています。
　朝起きてから、寝るまで、すべてが選択の連続です。
　何時に起きよう、何を食べよう、何時の電車に乗ろう……。
　常にわたしたちは選び続けています。

　そして、今自分が選んでいることは、感情は、思考は、これ

134

で正しいのか？と、迷宮に陥るようなこともあるでしょう。それが人間の性であり、迷いは人生にはつきものです。

　そんなときは、いつでも、「愛」を選んでください……。
「愛」を選ぶとは、まず、自分自身を受け入れ、愛してあげることから始まります。
　過剰な自己愛、エゴから派生する激しいものではなく、全体のなかで生かされている「自分」を感じながら愛することです。

自分だけを愛すのではなく、
人も、自然も、動物も、自分も、
同じように愛すのです。
そのはじまりとして、
自分を愛するのです。

　何事も、自分の内側から変わることが大事です。

　自分を愛するために、自分自身に肯定的で美しい言葉を与え、無理、過剰な我慢、抑圧、不安、縛りを退け、自由、希望、自信、勇気を与え、自分を助け、やさしく扱い、肯定し、今までの過去を受け入れてあげるのです。

　自分自身が調和に満ちており、平和な精神を持って落ち着い

ていることが大事です。

自分の感情が「愛」かどうか
わからなくなったら、
動機が純粋で自然なものかどうか、
確認してください。

　動機の確認として、常に自分の感情を理解する意識を持ってください。

　自然で、愛ある純粋な動機は、好き、嬉しい、喜び、楽しみ、慈愛、感謝、感動、希望、ワクワク、与えたいという思い、といったポジティブな感情のもと生まれるものです。

　不自然で、愛が不足している不純な動機は、自己嫌悪、自己犠牲、優越感、劣等感、恐怖心、怒り、不安、自己防衛、罪悪感、自己顕示欲、名誉欲、否定、復讐心、奪いたいという思い、といったネガティブな感情のもと生まれるものです。

　動機が、不自然だった場合は、まず、自分の心が自分自身と調和していない状態です。

　エゴが邪魔をして、自分自身を苦しめている状態です。

　まず、自分自身を救ってあげることが急務です。自分に愛を贈りましょう。

「愛」が足りない、と思ったとしても、人を無理に変えようとせず無理に期待せず、そんなときこそ自分の内側から出るものを大事にして、あなたから変わってください。

　その姿をみて、周りの人は変わるきっかけを得るのです。
　誰かの為にしたことが、愛かどうかわからなくなったら……。
　考えてみるのです。動機が純粋だったか、どうか。

動機が純粋なものであれば、それは愛です。

迷ったときは、
とにかく、「愛」を選ぶこと。
愛を信じて動けば、
大丈夫です。

あなたの気持ちひとつで、
なんでも、愛に変えられるのです。

「愛」の行いがどんなものか分からなくなったら、ヨガ哲学の基本的な教えである八支則のなかの2つ「yama（ヤマ）とniyama（ニヤマ）」を参考にしてみましょう。

＊yama【日常でやってはいけない自制的な行い】

アヒムサー（Ahimsa）／非暴力、不殺生（攻撃しない、穏やかでいる）

サティヤ（Satya）／嘘をつかない（自分にも他者にも誠実でいる）

アスティヤ（Asteya）／盗まない（あらゆるもの、時間も盗まない）

ブラフマチャリヤ（Brahmacharya）
／禁欲（邪欲を持たず欲をコントロールする）

アパリグラハ（Aparigraha）／不貪（強い欲、執着を捨てる）

＊niyama【日常で積極的に実践する能動的な愛の行い】

シャウチャ（Saucha）／清浄（体の清潔を保つ）

サントーシャ（Santosha）／満足、知足（足ることを知る）

タパス（Tapas）／苦行（自己鍛錬、一生懸命やる）

スヴァディアーヤ（Svadhyaya）
／学び、向上心（自己を探求する、智慧を磨く）

イーシュワラ・プラニダーナ（Ishvarapranidhana）
／信仰（祈る、すべてを受け入れる）

＊yamaとniyamaを日常的に意識するだけで、心は自然と整い、浄化されていくでしょう。

人を助けたい！という一見愛に感じる行為も、もしかすると自分自身を助けたいという投影に過ぎないのかもしれません。誰かに、何かをしてあげたいときは、自分がそれを求めているときです。ひとつひとつの心の動きに敏感になり、感情を理解していくことで心の軸が定まります。高度ですが、動機の裏にある感情を紐解くのが、「わたし」と調和するレッスンなのです！

愛としあわせの浄化への鍵！

迷ったら、いつでも「愛」を選びましょう。

浄化効果 up!! アファメーション

わたしはいつも自分の感情に敏感になり、愛の状態でいる意識をします。選択肢に迷ったら、いつでも「愛」ある方を選べることに感謝します。

あたたかい癒しへの鍵

あなたは愛によって生まれ、
愛を持って生き続けている。
いつだって、それを忘れることはない。
あなたにネガティブな感情の嵐が襲っても、
激しい雨に打たれ、雷鳴と地鳴りのなか、
方向感がわからなくなっても、
あなたの心の奥、そして足元から頭の先まで、
いつでも愛のヴェールにつつまれていることを想いだそう。

愛はいつでも、あなたにいる。
ずっと、永遠に、一緒にいる。
しあわせは、いつでも生み出せる。

あなたの愛としあわせが、
浄化されたものでありますように……。

Chapter4

欲の浄化

あらゆる縛りから
解放されたい人へ

手放すという極上の解脱

欲というものは、生きていく以上、誰にでも必ずある普遍的なものです。

　欲があるから、あなたは生きているのです。常に、わたしたちは本能的に「息がしたい」という欲求を持っています。どんなに心の表層部で苦しい、辛い、と思っていたとしても。

　朝起きて、夜眠りにつくまで、あなたはたくさんの欲を持って、日々を紡いでいます。例えば、朝ごはんが食べたい（食欲）、朝のニュースが見たい、知りたい（求知欲）、面倒な仕事はしたくない（逃避欲）、もっとお金が欲しい、恋人が欲しい（獲得欲）、認められたい（承認欲）、仕事が終わったから遊びたい（遊戯欲）、眠りたい（睡眠欲）。

　他にも、本当にわたしたちは多くの欲のなか、生命を維持しているのです。

　欲には、能動的なものもあれば、そうでないものもあります。否定的で逃避的な欲ばかり過剰になって悲観的になったり、能動的な欲が強すぎて、エゴが強くならないように、欲のバランスを調律しながら自分の自然な流れに沿って生きていくことが、不満を生まない秘訣でしょう。

　過剰な「欲」への執着を手放す心こそが自由を生み、わたしたちをロマンある海で泳がしてくれるのです。

　あなたの持つ「欲」を浄化して、今ここから、既に十分満ち足りてしあわせだということに、改めて気付きましょう！

既に
あるものの
豊かさに
気付く

あなたを支えるすべての生命に感謝しよう

　今ある環境や状況に対して不満が多いと、人はつい、焦りから、「もっと、もっと！」と多くの空気を吸いこもうとしてしまいます。しかし、空気を吸い過ぎると、苦しくなりますよね。不満から脱却したいと物質依存に走り、必要ではないものまで衝動買いをして一時的に気分を晴らしたり、心の不満を埋めるように暴飲暴食に走ったり……。

　それらはすべて、空気の吸い過ぎで苦しくなることと一緒です。

　だからこそ、不満が多いときほど、上を見て、欲深くなるの

ではなく、今既にあるものから受けている恩恵に気付き、豊かさに感謝する必要があるのです。

　今、あなたの周りに既にあるものに気付いて、紙に書き出してみましょう。

　家、パートナー、ペット、友人および人間関係全般、お金、仕事、趣味、空気、太陽のひかり、風、空、大地、感情、思考、体の器官すべて、ありとあらゆる周りの物質……。目に見えるものも見えないものも、数えられないぐらいの恩恵にかこまれて、生かされていることに気付きます。

あなたの周りにあるものは、
決してわずかなものだけでは
ありません。

　あなたの細胞だけで37兆個もあると言われています。空気はどうでしょう？絶えず吸うことができますね。地上にいて、空気が足りないから死んでしまうということはないですね。太陽はひかりを届けてくれていますね、季節を変える風も吹けば、土壌を潤す雨の恵みもあります。夜空を見上げれば、幾億の星の瞬きがあります。

　あらゆる無限のいのちを、自然はあなたに常に、差し出してくれているのです。

　心の琴線にふれる繊細なものは、いつだって、十分すぎるほどあるのです！

大事なのは、
自分は少ししか持っていない、
という不足感ではなく、
十分すぎるほど持っているという
充足感です。

　この充足感は、物質的なもので満たされるのではなく、精神的なもので満たされることが大事です。

欲の浄化への鍵！

今あなたの周りにあるものを書き出し、その恩恵に感謝しましょう。

浄化効果 up!! アファメーション

わたしは既に、十分すぎるほどのものを与えられていることに気付きます。不満を持ったら今あるものの尊さにフォーカスし、感謝します。

当たり前を奇跡と思う

生きていくこと自体が奇跡の連続

　ずっと連れ添ったパートナーにしろ、家族にしろ、ペットにしろ、もちろん自分自身にしろ、空気のような存在は、なにより尊いものです。

　しあわせに慣れると、しあわせを忘れます。
　いま、あなたの声が失われ、手がなくなり、足が消え、相手と意思疎通もできなくなったら、いかに自分がしあわせだったかがわかるでしょう。

　じゃあ、今は、しあわせということなんです。

過剰な欲を手放し浄化するためには、今、当たり前にあるものに満足できることが大事です。

　目に見えるものだけでなく、隠れているものまで、感じること。いたわること。
　当たり前が、すごいこと。奇跡の連続だということに、気付くことなのです。

　しかし、豊かで便利すぎる世のなかになったことで、当たり前のことに感謝できる心を遠ざけ、ありがたみに気付きにくくなっています。

　わたしたちの住む日本は、それはそれは、とても豊かで、清潔で、すべてが美しく規則正しく整えられ、サービスも素晴らしく、不便な生活とは無縁です。
　蛇口をひねれば水が出る、
　スイッチを押せば電気が付く、
　家電製品も全自動、掃除もロボットに任せられる、
　ワンクリックでメールが送れる、
　欲しいものは数日で配達される。
　コンビニに行けば24時間いつでも食料が手に入る……。
　きりがありませんが、わたしたちは日々の便利さに埋もれ、甘んじ、当たり前の素晴らしさに気付かず麻痺しているのかもしれません。

　水が蛇口から出なくなってしまっとき、初めて人は水のありがたみに気付きます。停電になったとき、初めて人は電気のありがたみに気付きます。

　海外では、まだ電気の供給が不十分で、半日も停電が続くような場所も少なくありません。昔ながらの文化を継ぎ、ほぼ自給自足で暮らす民族もいます。海外でそういった異文化に触れることも、感謝の気付きにつながるでしょう。

　もちろん海外に行かなくても、キャンプをしたり、自分で食べる野菜を育てることも、十分自然の力を借りて生きる喜びを呼び覚ますことができます。

　もし、水も電気も食料もない家で生活をしたら、水は汲みにいかなければなりませんし、雨水は貯水しておかなければなりません。電気がないから火をおこさねばなりません。食糧も自分で確保しなくてはなりません。

このように、
非常に不便な体験を通じてこそ、
自然の根源と向き合うことができ、
いのちをあたためる
感動につながるのです。

川の湧き水にたどり着いたときの感動、
風のなか、火をおこせたときの感動、
食にありつけたときの感動、
水と火、食を恵んでくれた自然に感謝出来るでしょう。

　人は不便であるほどに、ちいさなことひとつひとつに感謝が
生まれるのです。そして、便利になればなるほどに、感謝を忘
れがちになります。
　感謝がどういうものかわからないほどに麻痺しています。
　感謝したいのに、できないと思えば、あえて不便な生活を体
験してみるのです。

　そこで、はじめて心から、当たり前にあるもののありがたみ
に気付けることでしょう。

欲の浄化への鍵！

あえて不便な生活を体験することで、あるものに感謝する心を呼
び覚ましましょう。

浄化効果 up!! アファメーション

不便な生活がもたらす感謝の心を大切にします。
普段信じられないほどの便利さを与えられていることに感謝し
ます。

物も、思想も、
感情も
ためこまない

整理整頓が生み出す心の秩序

　わたしたちは日ごろ、大量のものと情報、予定、雑多な人間関係や溜め込んだ思考、感情によって支配されています。心は何もしないままだと、多くのもので氾濫して収拾がつかなくなっていきます。能動的に、不必要なものは手放し、必要なものだけを守り、心に留めていく習慣をつけなければ、軸を見失い、周りに惑わされやすい迷いの多い人生になってしまいます。

　心をシンプルにして、過剰な欲を削っていくためには、身の回りの整理整頓からはじめてみましょう。心に溜まった不要なものを取り除くように、身の回りの不要なものも手放していき

ましょう。

　整理整頓は、自分の人生に必要なものと不要なものを、見極めて仕分ける作業です。あなたの周りにあるものを整えていく作業は、あなたの心を整える作業となり、やがてはそれが人生の選択をしていく決断力を鍛える作業につながっていくのです。

　ものは揃えて管理し、所定の位置を決めておく、服はきれいにたたんで収納する、不要なものはすぐに捨てて溜め込まないことを習慣化するのです。

　あまりにも「もの」が多い人は人生においても迷いが多く、自分にとって本当に必要なものを見極める眼力が弱っているかもしれません。

　氾濫する「もの」のなかで生きているのは、思考や感情の消化不良を示します。
　不満が、多くの欲を生み、大量のものと共存することにつながるのです。

　まずは、必要なものと不要なものを仕分ける癖からつけていきましょう。
　必要なものと不必要なものすら判別できない場合は、心がたくさんのもので支配されている警告です。余計な感情や思考が

染みついていると、本来必要ないものも必要あるもののように感じるので、捨てられません。これは、一種の自分による洗脳です。

　この洗脳を解いてあげるには、あなたがまず自分で自分を裸にして、ゼロの状態から本当に必要なものだけを自分に与えるようにしてください。余計な感情や思考を振りほどき、ものへの執着を断つ勇気を出すのです。必要なものを知る行程のなかで、散らかった自分の心も一緒に整えていきましょう。余分なものがなくなることで心も少し軽くなって、浄化され、気持ちにも余裕が出てくることでしょう。

取り除くからこそ、
あたらしいものが入ってくるのです。

　不必要なものをそのままにしておくのは、あたらしいものが入ってくることを拒否することにつながります。心も、ものも、「ため込まない」ことがあたらしい「いい流れ」をもたらしていきます。

　つい衝動的にものを買ってしまう人は、ものを買う前に販売店の宣伝文句に操られてはいないか、注意深く確認してみてください。みんなが買っている大人気商品、No.1、限定品、売り切れセールなど……これらは消費者の購買意欲を高め、本当は

不必要なものでも、欲しくなってしまう仕掛けです。どんなに人気でも、限定品で安売りでも、自分にとって必要ないものは、無駄になります。いかに、消費社会の仕掛けに操られないかも、人生の判断力にかかっています。そして、今あるもので満ち足りること、日々の生活で工夫して健康的に生活することが何より無駄な消費を生まず、素晴らしいことといえます。

　そして、普段から、いらないもの・使わないものは買わない、いつまでも取っておかないという習慣を作ることです。
　そのためには、**いつもあなたの大事なものだけを入れておく箱を用意してみましょう。**

　その箱には、大事なものしか入れません。
　緊急時にも、すぐにその箱だけを取り出して持ち出せるようにしましょう。自分の大事なものはあれこれ散らばることなく、まとまっていて一目瞭然になるのです。
　ものだけでなく、精神も然り、です。いらない感情や考えは持たない、いらないものに時間や手間をとらせない。

いつもあなたの心にとって
大事なものがわかっていて、
自分の心の箱からすぐに
取り出せる状態を作っておきましょう！

　何事も深く考えすぎてしまう思考力の強い人、そしてそこから派生する過ぎ去った過去の後悔や、まだ見ぬ未来への心配で支配されている人は、「思想の忘却・投げ捨て」が必要です。頭がどうしても先走りする傾向の方は、「考えるのが仕事」のような状態ですから、なかなか脳が空っぽになりません。

　思想、思考の断捨離だって、大いに脳が解放される浄化になるのです。

「考えない」浄化。

　知識でも思想でも、なんでもなにもかも詰め込めばいいというわけでもない。

　本当の知恵、そして啓示は外側からくるのではなく、常に自分の内側からしか宿らないものなのです。
　忘却により、思想を捨てることにより、「ひらいた空間から、一筋のひかりを見よう」と独自の哲学が生まれます。
　それが、あたらしい自分だけの知恵となり、生きる希望と勇気を与えてくれる、かけがえのない力、いのちになるのです。

　もちろん、整理整頓というのは、身の回りのものや自己内の感情、思考、凝り固まった想念だけにとどまりません。人間関係においても応用できます♪ あなたの周りの人間関係はあなたに恩恵をもたらすものですか？ そしてあなたは身の回りの人に

心から与えられるものはありますか？惰性や打算で表面的に付き合っている人間関係は、ときに人を痛めます。

　本来、人間関係とは、友人とは、純粋なものです。今一度、人との関わりについても、「本当に大切な」人かどうか、あなたの心と相談して見極めてみてください。

　本当に大切な人かどうか見極めるには、まず「あなた自身」が自分自身の心と調和され、つながっていることが何より大事です。

＊ちいさなひみつの種＊

断つことは、あたらしい自分に生まれ変わるための儀式でもあります。要らなくなったものを捨てるだけでなく、髪を切ることも、思いを断つことにつながります。失恋のときに髪を切るといいますが、髪を切って雰囲気を変えるだけで、違う自分になったかのようです。長年の執着も、断てるような気がします。

欲の浄化への鍵！

不要なもの、思考、感情を手放すために整理整頓しましょう。

浄化効果 up!! アファメーション

わたしは整理整頓を通して自分にとって不要なものを手放していきます。手放すことにより、本当に必要なものに気付けることに感謝します。

予定の無い日を作る

心の片隅に美しい庭園を作ろう

　過剰な欲をそぎ落とし、クリアにしていくには、刺激的な外の世界との関わりを制御し、ひとり内省できる予定の無い空白の日を作ることが大事です。

　休日も予定がぎっしり、スマートフォンは鳴りっぱなし、常に誰かと連絡し、会い続ける日々では、休むべき日に心はまったく落ち着きません。刺激的な毎日が続くのは楽しく、発見も多いですが、より多くの欲を生み出しかねないのです。

　あらゆる世界に触れること、触れ続けることで、もっと、したい、もっと、もっと……！と欲はどんどん増えてしまいます。

そして、外側の世界ばかりに意識が向かうことで、自分の本来の姿、そして欲求に気付けず、内側と外側の乖離が広がってしまうのです。それが続くと、大きな「ストレス」を感じ、心身共に大きな影響を受けてしまいます。

　そんな予定がぎっしり詰まった毎日の風通しを良くするため、予定の無い日を積極的に作っていきましょう。誰かと会う予定、出かける予定も立てずに、「何も無い日」として設定します。

心の静寂は、何も無い空間、
時間から生まれてきます。

　常にフル稼働させていた脳を休ませ、外部からの刺激を鎮め、心に何もない空間を作りましょう。

　心の片隅に美しい庭園があると思って、そこでただ静かに過ごします。

　ありとあらゆる縛りから、この日だけは抜けて、至福の解放感に浸りましょう。
　スマートフォン、TV、パソコンなどをオフにして、自分の内面と対峙してみましょう。
　いや、対峙する、というほど深いものでなくてかまいません。

　ただ、自分が、そこにいる……風まかせに、ぼーっしているだけ、という状態でいいのです。家電や情報網をあえてお休みさせることで、普段どれだけ依存していたかがわかるでしょう。そして、これだけたくさんの時間があるということにも気付けるでしょう。

　静かな時間は、心にゆとりをもたらし、焦らなくても今このままで大丈夫なんだ、という安心感につながります。
　静かな時間があるからこそ、仕事を頑張れるのです。社会生活を頑張れるのです。

　そして、予定を入れないからこそ、空白の時間に舞い降りるそのときだけのインスピレーションに従って行動することができます。

　ぎゅうぎゅうに予定を入れて、舞い降りなかった智慧も、空白の時間を持つことで自然にもたらされるのです。

　欲は、外の世界に触れれば触れるほど、増えていきます。
　それが、ハングリー精神になり、プラスに向かうこともありますが、過剰な欲となり、自分の心に無理が生じ、蝕んでいってしまう危険性もあります。

　自分だけの貴重な時間を持つこと、尊重していけば、今ある生活で十分満たされ、しあわせを感じることができるでしょう。

今を愛せる人が、未来を愛せます。

　過剰な欲に押しつぶされないためにも、外の世界を遮り、静寂を楽しむこと。それが、今を肯定することにつながっていくのです。

欲の浄化への鍵！
予定の無い日を作ろう。

浄化効果 up!! アファメーション
心や脳、欲をお休みさせるために、定期的に予定の無い日を作ります。たくさんの時間が与えられていることに気付けることに感謝します。

執着・期待を手放す

手放したとき、願いが叶う

「どうしても、どうしても……！叶えたい！」

　という願望や期待が強いとき、想いは執着心になって人を凝り固めます。

　凝り固まった状態の心は、流れが悪くなり、思うように動かなくなってしまいます。

　固いと気が流れ続けられません。血液が固まるのと一緒です。

　血はきれいにサラサラと流れてもらわないと淀みます。

　執着しなければ、サラサラ流れてくれて隅々まで気が入ります。

隅々まで気が入れば、健康になって、願いも引き寄せやすくなります。

執着すると凝固して全体の流れが悪くなりますから、いざというときも、動きが鈍く、チャンスを逃してしまいがちになるのです。

右ばかりみているばっかりに左に気付かない。

執着しない人は、右だけ見ずに自然体で左も上も下も見えているから、チャンスをものにしやすいのかもしれません。

そして、真実を歪ませる煩わしい感情のひとつに、期待があります。

「こうであって欲しい」と強く望む期待は妄想です。

期待を手放せば、物事の結果をありのままに受け入れることができますが、おおきな期待という色眼鏡をつけてしまうと、思い通りの結果にならなかったとき、落ち込みます。他人に関しては、不信感を感じます。しかし、本来期待を手放し、クリアな状態でいればこのような不快な感情と向き合うこともなかったのです。

「頑な」になると、人生の転機も掴みづらくなります。

　たまには力を抜いて。念じるだけが大事なわけではないんです。

　力まない、じたばたしないで自然のままにゆだねる、流れに身を任せることです。

　自分の力だけではどうにもならないことも、世のなかにたくさんあることを悟るのです。

　執着することを諦めた瞬間、
　力みがほどけて心がゆるみ、
　必要としていたものが、
　スーっとはいってくるのです。

　頑張って必死にしている最中は気付かないけれど、諦念という悟りに達し、今のままでいいという境地に到達すれば、自然の力が働き、願望が叶うのです。

　中途半端なうちは、まだ本気で願望が叶う準備ができていないとき。

　だから、もうこれ以上できない、やり尽くしたが、諦めるしかないのか、という絶望の淵に立ったとき、これは今までの時間が報われる前兆となるでしょう。

　諦めよう、手放そう、と思う瞬間、叶う。
　手に入る。

このようになかなか、諦めさせてもらえないのが人生なのかもしれません。でも、だからやりがいがあるし、成長できます。簡単に叶う夢は、おもしろみがない。

願望というのは、叶うべき時期が用意されています。

自分がコントロールするのではなく、やるだけやって、なにもかも出し尽くし、執着心を手放したあとに、超然とした、なにか目に見えない力で、運命が突き動かされていくのです。

裏を返せば、それだけ、諦めるしかない、という境地まで自分が願望に対して努力する必要があるということなのかもしれません。

＊ちいさなひみつの種＊

凝り固まっているな！と思ったらチャンスです。ほぐしましょう、体も心も脳天も。期待を手放し、クリアになった状態で全体に気がまわりだせば、すべてはいい感じに動き出します。

欲の浄化への鍵！

願望への執着・期待を手放してみましょう。

浄化効果 up!! アファメーション

わたしは願望に執着・期待しすぎず、それを手放す諦念も身に付けます。願望が達成するまで努力できる時間があることに感謝します。

エゴ、独占欲、「自分」を持つが故の
ありとあらゆる縛りを解放しよう

　心が平和な状態とは、一喜一憂したり、感情が荒ぶっていたりする激しさとは、少し遠い世界のことかもしれません。

　もっと奥行きがあって、清らかな流れ。
　そんな川のせせらぎのような時間こそ、しあわせな時間とでもいいましょうか。

　しあわせになりたいからといって、一過性の欲に飛びついて一時的に満たされたとしても、すぐにまた元の浮かない状態に戻ってしまいます。

簡単に満たせる欲は、すぐにまた次の欲を渇望してしまい、結局永続的に満たされないループに陥ってしまうのです。

　しあわせを持続させることは、
　欲を次から次へ満たしていくことではなく、
　欲をそぎ落とし、
　執着を捨て、
　一秒一秒をしっかり、感謝しながら生きるということの
　積み重ねにあると思います。

　過剰な欲は、苦労のはじまりかもしれません。
　しあわせや心の平和と対極にあるものです。
　欲を満たす思想は、一時的に幸運をつかむ人は増やせても、長期的に見ると苦労する人を増やすという罠にもなりえます。

　大事なのは、「どれだけ強欲に生きて、それを叶えるか」より、どれだけ自分に不必要な欲をそぎ落とすか、なのです。

そぎ落とすからこそ、
本質が見えてくるのです。

　空っぽになったほうが、身軽でしあわせな心の平和を感じることができるでしょう。

　独占欲もまた、苦しみを生み出す原因になるものです。

　つい、現代人は、自分のものと他人の物を区別してしまいます。

　ここまではわたしの土地、これはわたしのものだから触らないで、壊さないで……。

　それは対人関係でもあります。わたしの彼に触らないで、わたしの夫を取らないで。パートナーはわたしのものだから、と。束縛にも色々あります。

　しかし、しっかり持てるもの、など何もない。

　確かにそうでしょう。魂だって、感情だって、時間だって、命だって、記憶だって、自然だって、お金だって、サイクルがあり、ずっと自分の手の内にいるはずはありません。

　そんなもの、最初から求めるほうがおかしいのです。

　パートナーの自由、時間も尊重してあげることが、あなた自身の自由、時間の尊重につながります。あなたが与えたものの波動はそのままあなたに返ってくるのです。

　あなたがパートナーを縛れば、あなたはあなた自身を窮屈な箱に閉じ込めているようなものなのです。

　神は平等に愛なり、自然の産物をわたしたちに与えてくれました。

　そしてそれは誰か一人が独占するものではなく、平等に分け

与えられる宿命のものであったはずです。

　今一度、神さまから与えられたかけがえのないものを確認して、自分ひとりで独占していないか、窮屈な考え方になっていないか、考え直したいものです。

「わたしだけ」のものなど、
　この世には、ない。
　このいのちだって、
　神さまから与えられたもの。

　自分ひとりで勝手に、
　世に生まれ落ちたわけではない。
　母の痛み、病院、産婦人科での助けの元、産まれたのだから。

執着を捨てて、ゼロに戻るチャンスは、いつでもあります。

　勇気を出すか、出さないか。それだけです。

＊ちいさなひみつの種＊

執着を捨てるには、執着を捨てる恐怖感を手放すことが大事です。グーに握りしめたこぶしを開くのが怖いから、動けないのです。でも、パーに開くほうが、生きる上では楽で、自然なことに気付いてみてください。いきなりすべてを辞めるのではなく、ちいさな執着から断っていくことが大事です。

身の回りの不用品を手放す、悪い習慣（夜更かし、朝寝坊、暴飲暴食）を手放す、パートナーへの過度な連絡をやめる、などから始めるのが有効です。

欲の浄化への鍵！

不必要な欲はそぎ落とし、シンプルに生きましょう。

浄化効果 up!! アファメーション

わたしを縛る思い込みや悪習慣は少しずつ手放していきます。
執着を手放すことで、より自由で生きやすい人生に変わることに感謝します。

幾つになっても挑戦する

日々、生まれ変わる進化

　これまで、過剰な欲をいかにそぎ落とすか？というテーマで綴ってきました。

　今回は、逆に、欲に素直に生きる生き方についてお話ししていきます。

　欲といっても、過剰でアンバランスな欲ではなく、自分にとって、自然な無理のない範囲での欲です。

　たとえば、いきなり1000万円欲しい、というのは、過剰な欲ですが、月に3万円を多く得るためのあたらしい仕事が欲しい、というのは叶えられる範囲の現実的な欲です。

人は、ある程度の欲があるから、やる気につながり、人生を生きる躍動感が生まれます。

　過剰な欲も困りものですが、生きる上で向上心を持つための欲であれば、大事にしたいところです。極端にすべての欲を排除するのではなく、自分にとって最適なバランスで欲を調節していくことが大事といえるでしょう。

　人は、年齢を重ねるごとに、経験が蓄積され、あたらしいことをはじめるときも、経験という刷り込み、思い込みが邪魔をして、なかなか一歩前に進めなかったりします。

　あのとき、ああだったから……。失敗したから……。
　どうせ今回もだめだろう……。
　年齢が引っかかるから……。女性だから（男性だから）……。
　そんな調子です。
　経験での思い込み、そして、年齢や性別の思い込みで、自分を縛っています。
　これは、せっかく潜在意識が素直に欲求を出しているのに、経験が邪魔をして無視してしまっている状態です。心では、したいことも、頭で、ダメだ！といって、拒否している状態です。

　もう若くないから……女性だから（男性だから）……
　という制限も、忘れてしまいましょう。

　年齢も性別も浄化して、その前に「わたし」という個性の集

大成である人間だということ。そこに誇りを持って、生きていくのです。

なんでも、はじめるのに遅すぎるということなんてないと思います。
もちろん、幼少期、10代、20代ではじめれば、飲み込みも早く、吸収力もいいでしょうが、晩年になってからあたらしいスタートを切ったって、全く遅いわけではありません。

人生、一秒一秒、
「老いていく」
なんてわたしは思いません。

逆の思想です。
人生、一秒一秒、
「生まれ変わっていく」
それがわたしの思う人生観です。

ときを刻むごとに積む経験は深くなりますが、精神は若く常にフレッシュで挑戦的でいたいと思いませんか？
90歳からでも、100歳からでも何だってできる！
10代、20代に劣らない精神的フレッシュさ、エネルギーがあれば生涯現役！
年輪の数ほど　あたらしさが生まれるのです。

若いうちにはじめなかったから、もうだめ……。

　ではなく、経験をある程度積んだ今だからこそ、はじめられること、わかることがあると思います。なんでも、やってみなければわかりません。

　今ではないと奏でられない音というものは、誰にだってあるのです！

　今、したくない仕事をしていても、子育てでほかのことができなくても、十数年後には必ず自分の時間ができます。今やりたいことをできていなくても、決して焦らないで。

　それができるときは必ずきます。

　体力は低下していても、細胞は生まれ変わっていくのです。

　本当に気持ちが若々しければ、毎日は楽しく輝けるもの。能動的なエネルギーがはじけて、クリアな自分で過ごせるからです。まさに、浄化された状態。

　日々、生まれ変わる喜びを謳歌しながら、人生のあたらしい時間を紡いでいきましょう。

年齢を浄化すれば、日々、進化しながら生きる喜びに満ち溢れていきます！

　自分がああ、これがしたい……という素直で現実的な欲が生まれたら、素直に実行してみましょう。経験や年齢、性別とい

う縛りに惑わされずに、自由にあなたの船を漕いでいくのです！

あなたの海は、自由で壮大な海です。
あなたはいつだって、漕ぎ出せるのです。
あなたが意識を変えることで、あなたがあなたを愛することで……。

＊ちいさなひみつの種＊

素直で自然な欲かどうか見極めるには、渇望的、非現実的なものではなく、現実的な範囲で満たせるものということも大事です。恐怖心や現実逃避、ネガティブな思いから派生していないか見極めることが肝心です！

欲の浄化への鍵！

したいことが見つかったら素直に挑戦してみましょう。

浄化効果 up!! アファメーション

わたしは経験、年齢、性別を超えて自分自身を信じていきます。
いくつになっても挑戦できるチャンスがあることに感謝します。

あなたはこれ以上ないほどの恩恵を既に与えられている。

それだけで十分にしあわせで、豊かな状態だから。

もっと、もっと、と慌てるまえに、

この胸いっぱいに新鮮な空気を吸い込み、満ち足りてみよう。

今のわたしを、いつでも愛せる。

そんな自分になるために、

あなたがあなたの心に素直であること。

いつでも、外側の世界から、

自分だけの軸に戻ってくることができること。

あなただけの海を泳いで……。

あなたの欲が浄化されたものでありますように……。

**Special
Ascension**

月の瞑想浄化

「今ここ」に
とどまる
掃除の瞑想

瞑想はいつでもできる

　瞑想は必ずあぐらの姿勢で目をとじてしなければならないわけでもありません。

　日常の家事を通して、瞑想の精神を取り入れることもできるのです。

　まずは、掃除しながらできる瞑想です。

　掃除をする、その瞬間、瞬間を大事に集中して過ごします。

　拭いている床、壁の質感、年季の入った味わい、におい、家具のぬくもり、ちいさな傷、思い出ひとつひとつを感じながらおこなうと感性に磨きがかかります。

動かしている自分の体の熱、疲れ方、体の前後の変化、そして達成感を感じた心の変化にも注意を向けて観察すると、外側の世界だけではなく、自分の内部ともより繊細に、会話できます。

　ゴミやほこりを取り除きながら、自分のネガティブな思い、消去できていない過去の悪い思い出なども一緒に取り除くイメージでおこないましょう。毎日の掃除は、家の汚れだけでなく、心の汚れも洗い流してくれるようで、気持ちも爽やかになります。

　掃除を通して、「今、ここ」に集中して注意深く物事を観察できる心を身に付けます。

　日々の暮らしのなかのちょっとした心がけひとつで、気持ちが「今、ここ」に留まり、今生きている瞬間の美しさを味わうことができるのです。

　このちいさな積み重ねが、瞑想のように自分の軸を作ることにつながり、幸福感を感じられる心を作ります。

　過去や未来にばかりとらわれるから、迷い悩みが増えるのです。
　今をおろそかにすると、平和な心が乱れます。
　このように日々生きるのも大変ですが一日少しの時間でも、

瞑想したり集中したり、静かな時間を持つことで自分の心から平和は生み出せるのです。

　心がブレやすい方、焦って失敗しやすい方、不注意でミスが多い方、ひとつの悩みに心が押しつぶされそうな方、精神的に落ち着きにくい方こそ、この瞑想で、心の軸をつくる練習をしながら、同時に家も綺麗にしてください。

　この瞑想は家の掃除だけでなく、毎日の皿洗いなど他の家事にも応用できます。
　皿洗いに意識を集中する、流れる水の音、水圧、水の感触、磨かれる音、汚れが落ちていく爽快感を丁寧に味わいます。

　このように、日常に瞑想の思想を取り入れると、不思議と毎日の家事が決して面倒なものではなく、人生の基盤として価値のある大切な行い、心の軸をつくる儀式であることに気が付けるはずです。

　日々、丁寧に掃除をするだけで、汚れがきれいになる達成感を目で感じることができます。これが、やりきったという気持ちよさにつながり、毎日続けていけば、小なりとも、自信につながっていくのです。地道なちいさな心がけが、自己肯定力を上げていくのです。

　自分に自信がない、どうしても人と比べて自分を卑下してし

まう、という人は、毎日の掃除瞑想で、自信を取り戻してみてください。自己否定感も汚れと一緒に拭い去りましょう！

自信というものは、いきなり生まれてくるものではありません。

毎日の小さな達成感の積み重ねによって生まれるのです。

本当の自信は自分を磨くことで生まれます。自己暗示だけでも弱く、毎日の行動による確信が必要です。そして人に勝つことや、競争から生まれる自信は歪みやすく、ちょっとしたことで失いやすく脆いのです。

現実を変えたかったら、今ここにすでにある、ちいさな現実を美しく、丁寧に変えていくことが大事です。その積み重ねが、未来を変えていくのです。

周りのものすべてを「いのち」あるものとして扱い、愛情かけて使い、磨くこと。

それが、日々、ものに感謝しながら生きるということにつながります。

感謝しながら生きている人こそ、ものや、与えられた環境を大事にできる人なのです、

結果、感謝しながら生きる人の環境は美しく、清潔です。

ちいさな
生き物から
人生を学ぶ
草取りの瞑想

足元を歩く、ちいさないのちの呼吸を感じる

　草取りや庭を整えることも、大地とつながる時間です。
　大地のあたたかさ、におい、弾力、土の感触、温度、草のち
くっとした刺激、くすぐったさ、ちいさな生き物の日常の営み
などを感じていきます。

　草取りや土に触れる時間も、瞑想のように集中していけば、
面倒な日常の雑務ではなく、あたらしい発見があり、感性も研
ぎ澄まされ、心の不要物から脱却できる浄化の場となることで
しょう。

186

外から見ると、ちいさく細い草でも、抜こうとするととても強く根を張っており、なかなか抜けないことがあります。根のほうがよっぽど深く、長いのです。土という大地にしっかりと根付き、逞しく生きるその姿を観察し、そこから生まれた感情を観察します。

　草取りから、表面的な視点で物事を判断しない、奥深い思考が身につきます。

　成長の過程で、どれだけ物事を先入観で見てしまっているかということにまず、気付きます。そして、先入観をクリアにし、ありのままを心の目で見ることに注意を払います。
　ただの草取りと思うなかれ、心を込めて実際に自分が何でも経験してみることで先入観は浄化されていくのです。

　視点が足元に行くことで、蟻やダンゴムシの動きを観察でき、ちいさないのちの存在にも敏感に気付くようになります。
　蟻やダンゴムシ、小さな昆虫も、必死に毎日、自分の足で生きています。ダンゴムシはピンチを感じると体を丸くし、攻撃から身を守ります。一瞬で体を変える俊敏さも観察してみます。蟻が地道に歩く道筋にも注意を払います。
　この世は人間だけでなく多くのいのちで育まれていることを実感します。
　悩んだり、苦しんだときこそ、土に触れてみてください……。

無理をして前向きになろうとして、
上ばかり見ないでいいのです。

そんなときこそ、目線を落として、自分の足元を生きるたくさんのいのちを感じてください。こんなにも、ちいさないのちで彩られていること、小さな地球の片隅にも、いのちの宇宙があることに気付いてみるのです。

蟻も毎日頑張って一歩一歩歩いている、雑草も、踏まれても、切られても、それでも伸びていく。そんな自然が見せる「健気な生きる姿」を見て、また明日から頑張っていこう、と思えるはずです。

自分だけが苦しんでいるのではない、自分だけではなく、この世はすべてが絶妙なバランスで絡み合い、つながっているということに気付くと、安心感が生まれ、不安も拭い去ることができます。

悩んだときに、無理をして背伸びをして、他の人に負けじと頑張りすぎるより、一度自分の足元を振り返って、我欲を手放し、自然の営みを知るのです。そこで癒されると同時に、生きるエネルギーも自然と湧いてきます。

無理して頑張ろう、と思わずに、自分のできる範囲で、人に流されずに努力していこう、という思いに変わります。

経験から得た知恵は、揺るぎません。

　土は、わたしたちの生きる糧である食物を生み、地球の土台としてわたしたちを支えてくれています。土と触れ合うことで、日々の痛みが手放せ、浄化されます。

揺らぐ炎を
見つめ
心を鎮める
静かな瞑想

炎のもつ、静かな浄化力

　誰でも、暗闇のなかで揺らぐ炎を、ただ無心に眺めつづけた
経験があるのではないでしょうか？子供のころに学校の皆とした、キャンプファイヤーで暗闇に燃える炎の記憶。
　大人になってからでも、家族や友人と炎の前にたたずむと、
しゃべってもいないのに、心が自然に通い合うような神秘的な
気持ちになります。

　日が暮れた夜、火をおこし、揺れる炎を囲う形で輪になります。
　炎の前にたと、不思議と心の緊張がほどけ、素直になって、や

190

さしい気持ちを取り戻すことができます。炎の前で静かに呼吸を整えていけば、これも一種の瞑想の時間になります。

　炎は人間同様、生きものであり、独創的なリズムで自由に踊ります。
　規則性もなく、枠も、型もありません。
　その予測不能な揺らめきに、人は心奪われ、未知なものに遭遇したときのような好奇心をくすぐられるのではないでしょうか？

　炎は、周りの空気をあたため、そして静かに心を浄化していきます。

　ただ眺めるだけで、心の汚れや悩み、執着が取り払われるような気がします。揺れる炎には言葉のいらない世界観があり、人を無心にさせる不思議なエネルギーがあるのです。炎を定期的に見つめることで、インスピレーションが豊かになり、自分の人生で選ぶべき大事なものが何なのかが、はっきりと見えてきます。

　炎による浄化を手軽にできる習慣として、電気に頼らないで夜を過ごすキャンドルナイトがあります。
　わたしたちは、毎日たくさんの電気を使い、必要以上の恩恵を受けています。
　電気を使うことが「当たり前」になっていませんか？

　満月の夜は、月のひかりだけで十分明るいことだってあります。

　あえて電気を使わないことで、電気のありがたみに気付き、感謝ができます。その上、炎という非常にプリミティブな恩恵を感じ、心まで浄化することができるのです。

　蛍光灯のひかりやテレビの画面は、時折明るすぎることがあり、目を疲れさせてしまいますが、キャンドルの炎は目にもやさしく体に害を及ぼしません。害を及ぼすどころか綺麗に浄化してくれます。

　日が暮れたら、電気をつける代わりにキャンドルを灯し、気持ちを落ち着かせ揺れる炎を眺めます。パートナーや家族がいる場合は、静かに、思いつくまま、話をしましょう。

不思議なことに、
炎を見つめながら選ぶ言葉は、
思いやりに満ちたものになり、
イライラした気持ちや喧嘩が
起こることはありません。

　特別な日や、家族との絆を深めたいときに、電気を頼らず、キャンドルナイトを過ごしてみるといいでしょう。慈愛に満ちたぬくもりが心に宿ります。

家族や友人との関係が良くないときも、炎の力を借りて、関係改善を促してみるのもいいと思います。ときには、家族で炎を囲い、静かに瞑想してみましょう。

　毎日の夜を数時間でも、電気無しで過ごせたら、未来は変わっていくでしょう。

　もちろん、キャンプに赴き火をおこし、焚き火をおこなうことも最高の浄化体験になるでしょう。火は生命力の象徴です。原始的な生活習慣を体験することで、素朴で生々しい生命力を取り戻すことができます。瞳をとじて、揺らぐ炎を瞼の裏で感じてみるのもいいでしょう。ただただ、その瞬間にゆだねるのです。いのちを感じて。

　炎は、陰陽五行思想では陰火にあたります。
　陽火の太陽ほど力強くなく、強い風や水で消えてしまうような脆く、繊細なものです。
　それはどこか、人間の心と似ています。
　ちょっとしたことで揺らぎ、喜怒哀楽を持つわたしたちの型のない自由な心。
　だからこそ炎はわたしたちの心の琴線に深く触れ、固くなった心をじんわり溶かし、癒してくれるのでしょう。
　凍えるような寒い夜、そして、心が枯れ果てたような寂しいとき、炎ほど貴重なものはありません。炎はわたしたちをあたため、和ませ、癒し、生きる糧となってくれるのです。

月光浴瞑想は
神秘的な
浄化の
いざない

月がもたらす浄化力

　月のひかりも、素晴らしい浄化力を持ちます。

　太陽は陽のエネルギーを持ちますが、月は陰のエネルギーを
持ちます。

　太陽のひかりを浴びると交感神経が活発になり、元気、活力
が湧きますが、月のひかりを浴びると、副交感神経が活発にな
り、リラックス効果、落ち着きを促します。

　月のひかりを浴びることで、日中活発だった交感神経を鎮め、
心を落ち着かせ、肉体に入ったストレスなども浄化していくこ
とになるのです。

　月は陰＝女性を表しますから、女性の魅力が引き出されるの

です。月のひかりを浴びて、女性性を磨き、感性や美意識を高めていけます。

　満月前後の日の空は非常に明るく、眩しいぐらいです。月光浴もこの時期が最適でしょう。

　月のひかりを浴びながら、瞑想してみましょう。

　静かに座り、自然に身をゆだね、深く呼吸を繰り返していきます。自分の体の不要物が流れ、みずみずしく浄化されていくイメージをします。心のわだかまり、もやもやした思いがあれば、それを月のひかりがシャワーのように洗い流してくれるようにイメージします。

　そして、異性やパートナーとの関係で素直になれず、問題を抱えている場合には、女性性を自然に出せるようになることで、愛情問題が解決していくイメージを思い描きます。

　月は陰のエネルギーを持ちますから、隠れた本心、自分の本当の心に気付けるチャンスです。自分の心ときちんと折り合いをつけたい、自己と真剣に対峙したいときも、おすすめの浄化です。
　月光浴をしながら瞑想して、自分の根底にある声とチャネリングしてみてはいかがでしょうか？

瞑想日記を
つけて
思考、感情を
客観視する

感情や思考を綴ると、秘めた心が鮮明に浮かびあがる

　これまでに何種類か、日常の生活内で取り入れられる瞑想法をお伝えしましたが、その延長で瞑想日記をつけることも、心の浄化につながります。

　文字にして書きだすことで自分が何を感じたのか、思ったのかを視覚でとらえることができ、思考や感情の整理がしやすくなるからです。

　日常で取り入れられる掃除の瞑想でも、洗濯の瞑想でも、料理の瞑想でもいいですし、あぐらの姿勢で瞼をとじる正統な瞑想でも何でも構いません。

一定時間の瞑想の後、静かに自分の心に浮かんだ感情や思考を綴っていきます。
　この時間もまた、瞑想の一環となるでしょう。
　イタコやユタのようになったつもりで、自分の心の奥にある秘境の声を書き記すのです。

　頭や心の中を駆け巡る、混沌とした嵐のように不確かな「思考や感情」の渦が、整然とした「文字」という確かなものに変わることで、客観的に自分の心を理解することができます。

　脳内だけで思考が暴走していたり、心の奥底だけで感情の身動きが取れなかったとしたら、その行き場のない彼ら彼女らを、あるべき場所に戻してあげることができるのが、瞑想日記として言葉を綴っていき、客観的に自分をとらえるということです。

　何でも、ある程度の「距離」を置かないと、すべての輪郭まで見えてきません。輪郭と、空気との接触面や、全体的なオーラ、雰囲気というのは、少し離れた場所にいる方がつかみやすいのです。近づきすぎると見失ってしまいます。

対象に近づきすぎると、全体が見えずに、ちいさな想念で縛られ、がんじがらめになってしまいます。

　近づきすぎるとわからなくなって、遠くにいけばいくほどわかることというのは、人間関係でも、どんなことでもあります。「客観的」に自分を遠くから見つめることは、自分の存在全てを偏った思考でとらえることなく、あるがままの自分を受け入れ、ありのまま冷静に見つめることです。

　そこに、いい悪いなどのジャッジはつけません。

　悩みに翻弄されている人ほど、自分の全体像が見えていません。

　自分のちいさな問題にもがき、苦しみ、とらわれています。

　傍から見たらそれほど悩む理由もわからないような悩みだったりします。

　延々同じことに繰り返し悩んでいたら、悩みの蟻地獄に足をとられてしまっていることに、まずは気付くのです！

　不満や悩みのオンパレードで、悩むことが仕事のような人は、自分が何に悩んでいるかすらわからないような悶々とした状態だったりします。むしろ、悩むことが快楽になってしまったりすることすら、あります。

　脳内だけでもやもやとしている想念を、一度紙に書き記し、自分の考えを客観視してみましょう。一度自分の問題と切り離してとらえることで、解決策も浮かびますし、案外、ちいさな悩みだということに気付くかもしれません。

悩みが人生においてつきもの、だという悩み好きな方は、自分の悩みが親友の悩みとして、自分に相談されていたら……どうアドバイスするか？と考えてみることです。

　あなたの親友は、いつもあなたの心のなかにいます。
　あなたはいついかなるときも、ひとりではありません。
　悩みは一人で解決せずに、心のなかのもう一人のあなたと相談して、解決していきましょう。

＊ちいさなひみつの種＊

瞑想にはいろんな種類がありますが、柔軟に、自由に、自分が続けられるものをそのときそのときで選んでいけばいいと思います。瞑想を楽しむことで、より効果が得られるようになります。

**Special
Ascension 2**

［月の浄化1日モデル］

　もし、予定のない休日があったら、こんな風にとっておきに過ごしてみませんか?
　パートナーや家族と一緒におこなうと、より good !

月の浄化の1日モデル
キーワード☆海（水）セラピー・温泉・月光浴瞑想

6:00	起床　ふとんの中で軽く体を伸ばしてストレッチ。カーテンを開けてシーツを綺麗にたたんで1日がスタート!
6:05	舌磨き、歯磨き、うがい、顔を洗ってスッキリ。
6:10	白湯をのむ、内臓をやさしく浄化します。
6:15	オイルでやさしくリンパマッサージ。撫でるように体をいたわりながら……。マッサージ後は、体に負担のかからないやさしいポーズのヨガと瞑想で体をほぐします。薄暗い場合はキャンドルを灯しても◎。ゆっくりと時間をかけ丁寧に体を目覚めさせていきましょう。
7:30	庭に出て、しばし、朝日のエネルギーを全身に吸収します。このとき、裸足になって大地に直接立って深呼吸すれば最高!

7:45　玄関の掃除をします。綺麗に埃や砂を払い、靴もそろえて。清々しいスタートをします。
トイレも綺麗に丁寧に磨きましょう。
（掃除の瞑想を取り入れて……）

8:00　朝ごはん、お味噌汁、梅入りおにぎりなど、手作りのものを作って。家族と一緒にするのも◎。
作る時は、また料理の瞑想、そしていただくときは、また食事の瞑想をおこないます。（太陽編参照）

8:30　おいしいコーヒーやお茶、ハーブティなどを淹れます。リラックスを心がけて。

8:45　ほっとできる場所でひといき！読書をするなり音楽を聴くなり……。家族が起きてきた場合はお話しして……。（浄化dayなのでTVはつけずに、代わりにラジオにするとか……。スマートフォンもお休みさせましょう）

9:15　家事をはじめます。家族が仕事や学校などに行く場合はお見送りして……。いい気分でしましょう！
この時、要らないものが溜まっていたら処分し、家の中を整理整頓しましょう。掃除の瞑想・洗濯の瞑想も取り入れて（太陽編参照）。ここでは、普段掃除していない場所も念入りに。壁や換気扇などの汚れを落と

していきます。そして、庭がある場合は、庭の草取り
をします。草取りの瞑想を取り入れて。
大地のエネルギーを吸収してみましょう。

10:30　少し、家事も落ち着いてきたころでしょうか……？
　　　　少しゆっくりしましょう。

11:00　お出かけするもよし、そのまま家でゆっくりくつろぐ
　　　　のもよし、その時々のタイミングで、したいことを素
　　　　直にします。浄化dayなので、あえてTVはつけませ
　　　　ん。スマートフォンも控えて。外側の情報より内側の
　　　　インスピレーションを大事にします。この時、感情の
　　　　整理のために、瞑想日記をつけるのもgood！

12:00　カフェやレストランでランチをする場合は、体にやさ
　　　　しい素材の料理を選びます。
　　　　その場所で取れた新鮮なお野菜や、ドレッシングなど
　　　　も手作りのもの、粗野な感じのしない、あたたかみの
　　　　あるお料理を頂くようにします。自宅で作る場合は、
　　　　今の自分に何が必要か体の声を聴いてから作るように
　　　　します。作る時は、また料理の瞑想、そして頂くとき
　　　　は、また食事の瞑想をおこないます。（太陽編参照）

13:00　お腹もふくれたところで、少し気分転換を。
　　　　その日の気分で動くのが一番ですが、ここでは、モデ

ルの動きとして、海に行ってみます！電車やバスでも
行けるような海へ行ってみましょう。もし近隣に海が
無い場合は、川や湖、滝などの水辺でも構いません。
海や水の動きを見つめているだけで、心が落ち着き、
ネガティブな思いも、清らかに洗い流されていきま
す。海辺なら砂浜を裸足で歩いてみたり、少し海水に
足を浸します。川では、せせらぎを聴きながら、心が
浄化されるイメージをします。

17:00　できたら、そのまま夕陽が沈むのを見届けましょう。
今日1日が安らかに終わっていくという時間を、情感
たっぷりに眺めます。
空の色の変化も、心に刻みます。

17:30　そのまま外でディナーといたしましょう。
自然に囲まれた景観の良い場所にあるレストランな
ど、ムードを大事にすれば、心地よく過ごせます。
食べものも、そこにいる人も、やさしく、調和されて
いることが大事です。
その後、近くの温泉に向かいます。

18:30　月の浄化・癒しの1日らしく、温泉で疲れを癒して今
日を終えましょう。
天然温泉は、心も体も芯からあたため、疲れたあなた
を癒してくれます。1日働いてくれた体をいたわりま

しょう。丁寧に体を抱きしめるように洗います。
オプションで、マッサージを受けてみるのもgood！

20:00　帰宅し、寝る前のヨガと瞑想に入ります。この時、月
　　　　の浄化らしく、月のひかりを浴びながら、月光浴での
　　　　ヨガ・瞑想をしてみましょう。月礼拝のポーズもおす
　　　　すめ！アロマキャンドルを灯したり、クラシックや自
　　　　然音をかけながらすると、とても癒されます。今日も
　　　　いい1日だった、と感謝できます。

21:00　いい気分のまま、幸せな気持ちで就寝します。
　　　　スマートフォンは遠くにおいて。

　月や自然のエネルギーを取り入れ、1日を通して浄化するこ
とで、あなたの世界が癒され、やさしい波動に変わります。あ
なたも是非、お試しあれ！

さいごの浄化　＊エピローグ＊

　さいごはとっておきの、楽しい浄化です！

　最近、おもしろかったことを思い出してみましょう。友人と
のおしゃべりからでもいいし、子供との関わりのなかでもいい
し、TVのお笑い番組からでも、自分のちいさな失敗でも、なん
でもかまいません。なかなか思い出せないなあという方は、幼
いころまで記憶をたどって、笑っている自分を思い出しましょ
う。

　さあ、用意はいいですか？

　声を思いっきり出して、笑いましょう！！

　お腹の底から、お腹が痛くなるぐらい、笑い転げましょう！！

　涙が出るぐらいの勢いで、笑い転げましょう！！

　思うように笑えない、おもしろいことが見つからない？

　では、まず、笑い声を大きく出してみましょう！

　アーハッハッハ！！！
　アーハッハッハ！！！
　アーハッハッハ！！！

　これをずっと続けていくと、本当におもしろおかしくなって
しまいます。

　笑いは伝染します。

わたしたちは、日々何気ないストレスをお腹の底に溜め込んでしまいがちです。

　悪感情、我慢の感情というものは「腹」に溜まります。

　その、溜まったものを全部吐き出すかのように、辛い時こそ、お腹の底から笑うこと。

　それが、最強の浄化法です！

　笑顔は全世界の普遍的な共通語です。
　笑顔こそ、愛の言葉です。
　愛が伝えている言葉は、いつだって、この言葉です。

あなたを愛しています。

元友海歌 (げんゆう・みか)

読者に「人生の喜び」や「豊かさ」、「気づき」や「ぬくもり」を感じられる言葉を綴る「活字療法士」。

鑑定家として研究・活動しながら、遠隔からでも人を癒せることを目標として、「活字療法士」を標榜。
読む浄化、読む癒し、をテーマに執筆を続ける。

占い手としての活動では、新しい時代に沿った、自由な発想と柔軟性ある解釈で、算命学、占星術をベースに「愛ある鑑定」を目指している。鑑定数は1500人以上。

占いを盲信してもらうのではなく、「自己解決能力を高める」お手伝いが信条。
「自然な自分に戻っていくための」鑑定を心がけ、独創性を持った視点を大事にし、日々気付きを得る毎日を送っている。

ライフワークは、サーフィン、旅、ヨガ、音楽、創作活動。豊かな自然ある環境で得たインスピレーションを大事にしている。

ブログ、鑑定

https://ameblo.jp/mufeb/

占いサイト「breath」

https://breathinsidevoice.wixsite.

com/deepbreath/

写真協力／©123RF

装丁／冨澤 崇(EBranch)

編集協力／横田和巳(光雅)

編集・本文design＆DTP／小田実紀

校正協力／島貫順子・大江奈保子・あきやま貴子

クリアリング[浄化]大全　月編

初版1刷発行 ● 2020年8月21日

著者

げんゆう み か
元友海歌

発行者

小田 実紀

発行所

株式会社Clover出版

〒162-0843 東京都新宿区市谷田町3-6 THE GATE ICHIGAYA 10階　Tel.03(6279)1912　Fax.03(6279)1913
http://cloverpub.jp

印刷所

日経印刷株式会社

©Mika Genyu 2020, Printed in Japan
ISBN978-4-908033-89-6　C0011

本書の内容に関するお問い合わせは、info@cloverpub.jp宛にメールでお願い申し上げます